RUDOLF WERDMÜLLER-WYDENMANN
1570 - 1617

BARBARA WERDMÜLLER-WYDENMANN
1587 - 1624

JUNKER HANS CASPAR SCHMID-WYDENMANN
1587 - 1638

HANS CONRAD WERDMÜLLER-WISER
1606 - 1674

ANNA MA...

...WERDMÜLLER
...698

BERNHARD WERDMÜLLER
1635 - 1669

LEONHARD WERDMÜLLER-ZOLLIKOFER von ALTENKLINGEN (1635 - 1709) e sua moglie OTTILIE

sua moglie MARGARETHA WERDMÜLLER

ANNA JULIA KASITSCH
1638 - 1683

HEINRICH WERDMÜLLER-JOHAM
1653 - 1688

Lina Wertmüller
Ich hätt so gern einen exhibitionistischen Onkel gehabt!

LINA WERTMÜLLER

Ich hätt so gern einen exhibitionistischen Onkel gehabt!

Aus meinem Familienalbum

LIMES

Das italienische Original hat den Titel
Avrei voluto uno zio esibizionista

Deutsch von Dagmar Türck-Wagner

Die Deutsche Bibliothek – CIP-Einheitsaufnahme

Wertmüller, Lina:
Ich hätt so gern einen exhibitionistischen Onkel gehabt! :
Aus meinem Familienalbum / Lina Wertmüller.
[Dt. von Dagmar Türck-Wagner]. – Berlin : Limes, 1992
Einheitssacht.: Avrei voluto uno zio esibizionista ⟨dt.⟩
ISBN 3-8090-2323-X

Alle Rechte vorbehalten
© 1990 Arnoldo Mondadori Editore S.p.A., Milano;
für die deutsche Ausgabe Limes Verlag
im Verlag Ullstein GmbH, Frankfurt a. Main/Berlin, 1992
für die Fotos auf S. 22/23 des Bildteils Olinto Cipollone
Satz: Utesch Satztechnik GmbH, Hamburg
Druck und Binden: Ebner Ulm
Printed in Germany 1992
ISBN 3 8090 2323 X

Inhalt

Werdmüller – Der gute Müller von Elgg	7
1830 – Die Geschichte des Ururgroßvaters...	11
1840–1850 – Im Königreich Beider Sizilien	17
1870 – Palazzo San Gervasio	19
Cristincroce	23
1890 – Santamaria-Maurizio – Angeli, Arcangeli – Engel und Erzengel – Marien und Santamarien...	27
Gabrielluccio, Angelina und endlich Arcangelo	31
1909 – Ein unbequemes Jahrhundert hat begonnen	43
Ein Sonntag im Juni	45
Sonntags gingen wir auf den Pincio	57
Die Arbeitsbienen und ihre schöne Königin mit den tausend Perlen	61
Die Zeit schreitet schnell	65
1912 – Karneval	67
Der Maskenball	75
Jugend	85
In den zitronenduftenden Spitzenkissen	89
Sünden und – Schmachtlocken	93
1917 – Die Jungen vom Jahrgang '99	101
Mariuccia trifft Federico	109
1934 – Der erste Stern auf der Flagge	117
Der Ärmel	123

1933–1934 – Francavilla al Mare	131
Die Entdeckung des glühenden Zorns	141
Piazza Adriana	147
Luce	151
Mein alter Freund vom Planet Mongo	155
Die Weltraumrakete des Doktor Zarro	161
O je, o je … die Schulen!	165
Mein schwieriges Verhältnis zu den himmlischen Mythen	169
Scetateve guagliun' 'e malevital	177
Das Böse stirbt niemals aus	187
Die Baronin verliert ihr Lamm	191
Ich hätte so gern einen exhibitionistischen Onkel gehabt	195

Werdmüller
Der gute Müller von Elgg

Arcangela Felice Assunta Wertmüller von Elgg Español von Brauchich Job.

Das ist kein Name! Das ist eine solche Übertreibung, eine so megalomane Salve von Vornamen, Zunamen, Attributen und »von«, daß sie nach einer Erklärung schreit.

Es war im Jahr 1330... Keine Angst, so weit greife ich nicht zurück. Alt wie sie ist, hätte die Familie es zwar verdient. Kolumbus hatte zwischen *Niña*, *Pinta* und *Santa Maria* noch alle Hände voll zu tun, um auf den unruhigen Gewässern des Atlantiks die Meutereien seiner Schiffsmannschaften zu unterdrücken, da gehörte die Familie der Werdmüller von Elgg bereits seit Jahrhunderten zu den einflußreichsten des Kantons Zürich.

Werdmüller von Elgg bedeutet auf gut Deutsch soviel wie »Guter Müller von Elgg«. Am Ursprung von soviel Familienadel habe ich mir immer gern einen dicken, gutmütigen Müller aus dem Kanton Zürich vorgestellt, so um das Jahr 1000, zur Zeit des ersten Kreuzzugs... Getreide, Mehl, Brot... gute, vertraute Sachen, wohlschmeckend und nahrhaft, die gleich nach der Muttermilch kommen. Ein Müller ist deshalb fast immer ein rechtschaffener Mann, mit Mehl überstäubt wie ein Clown, weiß und fröhlich. Der meine war zweifellos ruhig und friedlich. Deshalb habe ich dieses Bild vor Augen: Als eines Tages eiserne Fäuste mit brutaler Gewalt an seine Tür klopften – ein Trupp ungehobelter mediterraner Soldaten, eine dieser vielen buntzusammengewürfelten Brigaden, die aus dem Süden ins Heilige Land zogen und so gut wie in der Schweiz auch anderswo landen konnten –, öffnete er ihnen erschrocken die Türen der Mühle, des Hauses, der Vorratskammer und vielleicht auch des Schlafzimmers seiner Frau. Wie auch immer – meiner ungebührlichen Annahme zufolge war der Müller gastfreundlich, mit anderen Worten ein »guter Müller«. Worauf der Kommandant, irgendein Conte oder Marchese oder auch ein Condottiere, sei es wie es sei, jenen »guten Müller« Werdmüller mit einem kräftigen Schwertschlag auf die Schulter zum Baron machte. Ein Schlag, der dem bedächtigen schweizerischen Müller den Ehrgeiz wie eine fixe Idee in den Kopf trieb. Nicht weniger seiner Frau, die auf sehr unmittelbar physische Weise zur Gastfreundschaft beigetragen hatte. Sie begann die Ambitionen des Gatten kräftig zu nähren und drängte ihn die soziale Leiter empor...

Warum, so wird an diesem Punkt manch einer fragen, verleumdet sie ihre Ahnen auf eine solche Weise und unterstellt, der Müller habe den Kriegern mit dem Kreuz auf der Brust das Schlafzimmer der Müllerin geöffnet?

Zum einen mag ich frivole Geschichten, und zum anderen: Warum sollte sich meine Urahne Müllerin in so kommunikationsarmen Zeiten die Gelegenheit entgehen lassen, ein tiefinneres Verlangen zu stillen?... Vor allem aber, weil ich inbrünstig hoffe, daß sich in meinem Stammbaum wenigstens zu Anbeginn ein durchtriebener Halunke findet, der, so meine ich, der ganzen Nachkommenschaft Pep, Saft und Farbe gibt.

Sollte der eine oder andere Leser jedoch unbedingt auf die historische Wahrheit aus sein, wird ihm nichts anderes übrigbleiben, als sie höchstpersönlich in den Archiven von Zürich nachzulesen. Von meiner Seite darf man sich nichts allzu Seriöses erwarten. Ich erzähle von den Werdmüller von Elgg, was ich im Familienkreis gehört habe. Zwar gehe ich davon aus, daß Tatsachen und Personen, wie ich sie darstelle, deutliche Bezüge zum wahren Geschehen aufweisen, aber ich habe keine Lust, mir irgendeine Verantwortung für die historische Wahrheit aufzuladen.

Die Werdmüller von Elgg sind eine der bedeutendsten Schweizer Familien, und ich füge diesem Buch eine ausführliche Porträtgalerie bei. Ich, die vom Film herkomme, bin der Überzeugung, daß Bilder mehr sagen als Worte. Ein harter Schlag von Herren und Kriegern und deshalb auch von frechen Mistkerlen, wie man sie in jeder guten Familie findet. Wer ist denn je im Laufe der Jahrhunderte reich, adelig oder König geworden aufgrund seiner edlen Eigenschaften? Gemacht und geschrieben wurde und wird Geschichte in erster Linie von den unverschämten Halunken.

Wie man an den Ahnenbildern sehen kann, haben die Werdmüller von Elgg häufig Froschaugen und eine starke Nase, so wie ich selbst vor der Schönheitsoperation. Herren, Krieger, Politiker, Wissenschaftler. Abgesehen von dem einen oder anderen ungeratenen Künstler oder Architekten, trachteten die meisten zielstrebig nach der Macht, der alten sizilianischen Weise folgend: »Cumannari è megghio ca futtiri« (Kommandieren ist besser als kopulieren.)

Ich, mit dem bißchen Werdmüller-Blut in meinen Adern, gehöre zum mißratenen Zweig, dem der Künstler.

Ich war noch sehr klein, als ich an Mammas Rockzipfel zu zerren begann.

»Mamma, sind wir Italiener oder nicht?«

»Gewiß, was für eine Frage...«

»Warum haben wir dann einen Schweizer Namen?«

»Weil Ururgroßvater aus Zürich stammte...«

»Und warum ist er nach Italien gekommen?«

»Wie viele Warums... Frag Papa... es ist sein Ururgroßvater.«

Zunächst sträubte sich Mamma, schließlich aber erzählte sie mir, wie es Johan Heinrich Werdmüller von Elgg an den Hof von Neapel verschlug. Ich gebe diese Familiensaga hier wieder, wie ich sie von ihr gehört habe.

Natürlich bestimmt das Geschehen den Stil der Beschreibung. Damit meine ich, es bedarf mit Gewißheit nicht der getragenen Prosa eines Thomas Mann, um diese Geschichte zu erzählen. Angemessener wäre die eines Dumas oder, besser noch, die eines Casanova.

1830
Die Geschichte des Ururgroßvaters...

Johan Heinrich Werdmüller schlief erschöpft aber zufrieden im Bett der Ballerina. An einem Winterabend des Jahres 1827 hatte er sie im samt- und goldprunkenden Operntheater von Zürich im schneeweißen Tüll-Tutu auf den Spitzen tanzen sehn. Unter der erlesenen Kleidung – Seidenhemd, Brüsseler Spitzen, gesteiftes Jabot, Samtfrack – war ihm ein Schauer über die schwarzen Brusthaare gelaufen. Jawohl! Kräftige, dunkle Haare, wie sie seit dem vierzehnten Jahrhundert viele in der Familie gehabt hatten – die Haare mediterraner Piraten – Vorahnung des Südens. Über die Haare auf der Brust, so sagte ich, rann jener Schauer bis hinauf zu dem kräftigen, aber aristokratischen Hals, der in einen kunstvollen, spitzenverzierten Abendkragen eingeschnürt war. Sodann rann der Schauer genau inmitten dieser Haare wieder hinab bis zum Nabel und von dort hinunter bis zur Quelle seiner Lust. Unter dem Eindruck dieses Schauers, der ihn da unten kitzelte, erkundigte er sich nach der Göttin, die sich auf der Bühne drehte und mit ihren bezaubernden Armen und ihren eleganten, malizösen kleinen Händen graziös die Luft liebkoste. Doch erst, als er erfuhr, daß sie, die Primaballerina, die Geliebte eines... – der Name sei hier verschwiegen, da es sich um eine außereheliche Geschichte handelt – Prinzen deutschen Geblütes war, erst da stieg das körperliche Begehren wieder zu seinem Hirn empor und verwandelte sich in den Drang nach Raub und Eroberung. Das heißt, in *amour foux*. So begann Baron Johan Heinrich Werdmüller die Garderobe von Maria Catharina mit weißen und roten Rosen zu füllen, vor denen die rosa Schühchen erbleichten und die weißen Wangen des Mädchens sich röteten.

Maria Catharina senkte die Augen und verschleierte mit ihren langen schwarzen Wimpern ihren himmelblauen Blick, als der junge, feurige Baron inmitten der Rosen die Garderobe betrat. Doch hatte das Mädchen trotz seiner Verlegenheit bereits sehr klare Ideen – nicht für nichts wird man Primaballerina. Sei es, weil Johan Heinrich Werdmüller, gelinde gesagt, ein leckerer Happen war: groß, dunkelhaarig, feurig, mit den strahlenden, begehrlichen Froschaugen eines mediterranen Räubers. Sei es, weil aus diesem Rosenmeer gefährlich verlockend ein schönes Gehänge aus Saphiren und Diamanten aufgetaucht war.

»Oh... Baron... Das durftet ihr nicht...«

»Das mußte ich...« »Ich bin verwirrt, aber...«

»Nicht so sehr wie ich, meine Göttliche...«

»Ich kann nicht... Ihr laßt mir zuviel Ehre angedeihen... Eure Einladung...«

»Zum Diner... Signora... Das klingt schrecklich materialistisch, aber man muß auch essen... Oder ernährt ihr euch nur von Rosenblättern und dem Erzittern sterbender Schwäne?«

»Baron, ich bitte Euch, ich kann nicht... Ich kann wirklich nicht... Wahrhaftig, ich kann nicht...«

...Maria Catharina wiederholte ihr »nein« und »ich kann nicht« noch während des Diners, doch während des Zutrinkens, beim ersten bebenden Kontakt der Hände, beim ersten Kuß hinter ihr Ohr, beim ersten zarten Kuß auf die Lippen, beim ersten gewagten Kuß samt sinnlichem Zubiß, beim ersten kühnen Griff ins Spitzendekolleté, beim ersten Niedersinken in die Kissen des Séparés – wohlgemerkt erst nach dem dritten Diner und dem fünften kostbaren Geschenk. Und sie seufzte ihre »Neins!« noch unter dem feurigen Zerfetzen ihrer Höschen, »nein!« nach der endlichen Bezwingung, »nein!« bei den unermüdliche, phantasievollen Liebesspielen des jungen Barons... Und noch glühend, ermattet in sanften, erquickenden Schlaf versunken, konnte man ihrem rosigen Mündchen den Hauch eines im Schlaf geflüsterten »Nein« ablesen.

Die erste Morgenröte erhellte den Himmel, da wurde die Stille des Alkovens durch einen schrecklichen Schlag erschüttert, der die Tür aufspringen ließ. Drohend erschien das Gesicht des Prinzen deutschen Geblütes, des rechtmäßigen, offiziellen Geliebten der schönen Catharina, vor den bestürzten Augen der beiden Liebenden. Baron Johan Heinrich Werdmüller von Elgg – sein blaues Blut machte es möglich, daß er selbst in diesem Moment, da man ihn in Unterhosen mit der Primadonna im Bett überraschte, seine Würde nicht verlor – machte nur eine leichte Bewegung mit dem Kopf. Mit blutunterlaufenen Augen starrte der Prinz ihn an, als wolle er ihn erdolchen. Maria Catharina ihrerseits – nicht für nichts wird man Primadonna – hatte sich mit einem anmutigen kleinen Aufschrei und einer der Situation angemessenen Ohnmacht aus der Affäre gezogen.

Der Dialog war nur kurz:

»Wann und wo?«

»Wann und wo Ihr wollt...«

»Auch auf der Stelle?«

»Auch auf der Stelle...«

»Ich erwarte Euch in einer halben Stunde hinter dem Kapuzinerfriedhof.«

»In einer halben Stunde hinter dem Kapuzinerfriedhof«, sagte Baron Heinrich, der es stilvoll fand, die Frage als Antwort zu wiederholen. Baron Werdmüller ahnte nicht, daß er mit der Annahme dieser Herausforderung das wunderliche Räderwerk des Schicksals in Gang setze, dank dem – und dank der tätigen Mithilfe der Brüder Lumière – ich nun diese alte Geschichte erzähle.

Die schrägeinfallende Sonne begann die ehrwürdigen gotischen Fenster Zürichs in rötlichen Glanz zu setzen, ließ die großen, schneebedeckten Spitzdächer unter ihrem Schein erglühen, die Hausfrauen gingen mit ihren Einkaufskörben hinaus, um sich die gute, sahnige Morgenmilch zu holen, und die tausend Kamine der Stadt begannen zu rauchen, als der Prinz von deutschem Geblüt und Baron von Elgg die Degen kreuzten, ganz genau so, wie man es aus gewissen Sittenromanen kennt. Nach einem kurzen und erbitterten Duell streckte Baron Heinrich den Prinzen von deutschem Geblüt mit einem schrecklichen Hieb zu Boden. Der lag da mit überrascht geöffneten Augen, wütend und enttäuscht, in so jungen Jahren wegen einer Tänzerin mit lockeren Schenkeln gestorben zu sein. Von einem vertrauten Freund vor den schwerwiegenden Folgen gewarnt, die ihn treffen würden, da er wider das Gesetz, das die Duelle verbot, den Prinzen von deutschem Geblüt umgebracht hatte, schnürte Baron Johan Heinrich Werdmüller von Elgg nun eilig sein Bündel – es bestand in diesem Fall aus vier Wagen mit seiner persönlichen Habe, acht Dienern, Waffen und Gepäckstücken – und verließ im Schutze der Nacht das geliebte heimatliche Zürich, um Zuflucht im Süden zu suchen. In diesem chaotischen Stiefel, in dem es wimmelte von Staaten und Stätchen, von Waldungen und Herzogtümern, von Königreichen und Fürstentümern, Klerikalen und Radikalen, Priestern und Räubern und der, aus allerlei historischen und naturgegebenen Gründen, im Laufe der Jahrhunderte immer wieder Flüchtlingen, ob politisch oder nicht, großzügig Zuflucht geboten hat. Sechs Wochen später sah der Baron, zwar staubig und müde, doch sehr beeindruckt von all den während der Reise erlebten Schönheiten, mit seinen azurblauen Augen das azurblaue Meer und den azurblauen Himmel über Neapel, wo nach Gottes Willen und Napoleons Träumen zum Trotz die bourbonischen Könige regierten, an deren Hof Heinrich ein paar Freunde hatte...

1840–1850
Im Königreich Beider Sizilien

Der Hof von Neapel mit seinen Vergnügungen war der ideale Humus für Ururgroßvater Heinrich. Neue Abenteuer. Neue Duelle... Aber alles wandelt sich und vergeht. Das Rad des Schicksals drehte sich, und der treffliche Ururgroßvater heiratete. Und zwar, wie es heißt, eine gewisse Maddalena Ruffo-Castelnuovo aus hochadeliger Familie – so adelig, daß ich eventuell sogar über Ururgroßväter oder Schwäger mit Baudouin von Belgien verwandt bin. Man weiß ja nie. Aber auf soviel Adel folgte schnell der Niedergang. Es ist ungeklärt, wieso sich während dieser neapolitanischen Zeit das »d« in »t« verwandelte, WERDMÜLLER zu WERTMÜLLER wurde. Machen wir es kurz: Die Familie verbürgerlichte sehr schnell. Der Stil ging dahin. Der Mantel- und Degenroman mit einem gewissen Einschlag von Libertinage wurde zum sozialen Realismus der süditalienischen Provinz.

Einer der Söhne, der erstgeborene Federico, begeistert für Naturwissenschaften und studierter Apotheker, übernahm eine Apotheke in einem kleinen Ort an der Grenze zwischen Apulien und der Basilikata im tiefen südlichen Binnenland. So schwand beim Tod des alten Barons, des Haudegens, jeglicher romantische Nimbus. Federico, der zum Familienoberhaupt arriviert war, rief die Familie zu sich, entriß sie dem fröhlichen neapolitanischen Leben, um sie in die spanisch-katholische Abgeschiedenheit eines Örtchens einzuschließen, das den Namen Palazzo San Gervasio trug.

Addio Baron Heinrich Werdmüller von Elgg. Und Dank dafür, daß du die italienische Sonne gewählt hast.

1870
Palazzo San Gervasio

Kein Palast, sondern ein Örtchen – in der Nähe von Spinazzola und Minervino Murge gelegen, genau auf der Grenze zwischen Apulien und der Basilikata. Freundlich und herb, vornehm und arm, schön und düster, und man begreift wahrhaftig nicht, weshalb jener Federico Wertmüller es als Wohnort für seine Familie erkor. Irgendein verschleiertes Problem: Ehegeschichten, Widrigkeiten. Über die darauffolgenden letzten Jahrzehnte des Jahrhunderts ist kaum Näheres bekannt.

Einer der Brüder des Urgroßvaters – er hieß Eduardo – war Garibaldianer und kämpfte unter den roten Fahnen des Helden der Beiden Welten für ein vereintes Italien. So unpassend es in den Zeiten der regionalen Ligen klingen mag, gestehe ich hier doch ehrlich meine Meinung. Die Einigung war ein fundamentaler Irrtum. Italien ist ein Liliputkontinent. Voller grundverschiedener Rassen. Einer der Hauptgründe für das anhaltende Unbehagen ist eben die fixe Idee, dieses Land vereinigen zu wollen, statt eine Förderation verschiedener Staaten daraus zu bilden. Bekanntlich ähnelt ein Mailänder sehr viel mehr einem Schweizer oder ein Turiner einem Franzosen als beide den Sizilianern ähneln. Welche Notwendigkeit bestand, eine Nation zu bilden? Unsinn des Nationaldenkens, das im vergangenen Jahrhundert so sehr im Schwange war. Obendrein – typisch italienischer Widersinn – finanzierte ein savoyischer König, piemontesischer Soldat, ein garibaldinisches, will sagen, sozialrepublikanisches Heer von bürgerlichen Intellektuellen, Nachkommen jener Jakobiner, die nach Freiheit und Einheit drängten. Sie opferten sich selbst, mußten diese Wahl häufig mit Kerker, wenn nicht gar mit Hinrichtung bezahlen, ohne im geringsten zu ahnen, wie viele Scherereien sie ihren Nachkommen mit diesem ihrem Ideal von Einheit einbrockten. Obendrein arbeiteten sie reaktionären Kräften in die Hand. Zwar hingen einige von ihnen liberalen Ideen an, doch waren die Savoyer eine Familie mit Soldatentradition. Daran läßt sich nicht rütteln, letztlich bleiben Soldaten immer Soldaten und glauben an eine mit Gewalt aufrechtzuerhaltende Ordnung. Folglich enttäuschten sie eine Vielzahl von Erwartungen, vor allem jene der Bauern des Südens, erhoben monströse Steuern wie etwa die auf das Mehl und schickten ihre Streitkräfte gegen die armen Hungernden, die um Senkung des Brotpreises baten.

Ich habe mich über dieses Thema nur deshalb so ausführlich ausgelassen, weil ich erklären wollte, daß dieser Großonkel Eduardo, entflammt, wie ich schon sagte, für die garibaldinischen Ideale, gegen die Bourbonen kämpfte, ohne sich darüber im klaren zu sein, daß er damit in Wirklichkeit einer reaktionären Unterdrückung in die Hand arbeitete. Merkwürdig, was damals im Süden geschah. Den piemontesischen Soldaten gelang es nicht, eines Banditentums Herr zu werden, das man heutzutage zweifellos als Guerilla bezeichnen würde. Persönlichkeiten mit großem Charisma und Heldennamen wie Ninco-Nanco und Crocco hielten die königlichen Elitetruppen in Schach und diktierten in den rauhen Bergen und den weiten Tälern des Südens die Gesetze. Die in die Verbannung geschickten Bourbonen hielten sich an jener Geschichte ihrer Familie zu Ende des vorangegangenen Jahrhunderts fest, als Ferdinando mit Hilfe der allerschlimmsten Spitzbuben sein Königreich zurückerobert hatte. Sie nahmen Verbindung zu diesen wilden Banditen auf und boten ihnen Freiheit, Rehabilitierung, Ansehen und Pfründe an, wenn sie ihre Jagdmesser und ihre Donnerbüchsen in den Dienst der königlichen Sache stellten. Auf diese Weise kämpfte ein kleines Kontingent bourbonischer Soldaten Seite an Seite mit den übelsten Abenteurern, Aasgeiern und Mördern, denen es nicht das geringste ausmachte, so unaussprechliche Greueltaten wie Augenauskratzen und Kastration zu verüben. Dieser Versuch der Bourbonen hat grausame Seiten im Buch der Geschichte geschrieben. Die Unternehmung fand ein jämmerliches Ende, und alle, Soldaten wie Banditen, wurden niedergemetzelt, aufgehängt oder zum Tod durch Erschießen verurteilt. An eben diesen garibaldinischen Erschießungen nahm mein Großonkel teil, den ich in den Jahren meiner Kindheit für einen Helden im roten Hemd der Republikaner hielt. Heute hingegen, bei genauerem Hinsehen, erscheint es mir eher kukluxklanhaft, daß er gemeinsam mit Herrenbanden diese idealistischen Soldaten und diese Banditen verfolgte, die zwar überaus grausam waren, aber barfüßig und hungrig den wohl damals schrecklichsten Lebensbedingungen der Welt entstammten.

Doch dürfte hier, wie bei allen historischen Bewertungen, der berühmte Satz von »Zi'Filippuccio« zutreffen, Pfarrer von San Gervasio und Protagonist einer Geschichte, die mein Vater erzählte: »Dinge, die in fernen Ländern und in fernen Zeiten geschehen sind...«

Cristincroce

Priesteronkel Zi'Filippuccio war ein Prediger von überschäumendem Temperament. Mit Feuer und leidenschaftlichem Einsatz interpretierte er die Unbefleckte Empfängnis, das Hohngelächter des Teufels, den zweideutigen Pilatus oder die grausame Geißelung Christi – er tat das, was wir im Theater Applaushascherei nennen. Er war mit anderen Worten ein echter Schmierenkomödiant, der, wie man es bei Predigern nicht selten antrifft, sein angeborenes Schauspielertalent austobte, indem er den armen Gläubigen von der Kanzel herab seine *performances* aufzwang. Und natürlich war die Karfreitagspredigt die Glanznummer der Saison. Die Kirche war überfüllt mit Männern und Frauen, und die Predigt begann gleich im Anschluß an die Prozession.

In solchen Orten umfaßt die Karfreitagsprozession eine Vielzahl gesellschaftlicher Abläufe. Man trägt unendlich schwere Figuren herum, bis zu vierzig Meter hohe Aufbauten, man singt Hymnen, man verkleidet sich, läßt eine riesige Musikkapelle durch die Straßen ziehen, man stellt die Passion Christi dar, man vollführt Happenings voller unglaublichster Symbolik. Profane Rituale vermischen sich mit obskuren mittelalterlichen Liturgien – kurzum, das

Ganze ist eine äußerst ernsthafte Angelegenheit.

Jeder Ort hat seine eigene Prozession und wetteifert mit allen anderen Orten, um sie so reich und so aufwendig wie möglich zu gestalten. Und jede Prozession hat zudem ihre eigenen Absonderlichkeiten. Da läuft man mit nackten Füßen über glühende Kohlen, da messen sich die Stärksten, indem sie sich mit unmenschlichen Gewichten beladen, da bedeckt man sich den nackten Körper mit Hunderten von Schlangen, da erklimmt man, immer auf den Knien rutschend, die felsigen Berge, bis die Haut zerfetzt ist und die Knochen bloßliegen. Die religiöse Hingabe wird unterstützt durch reichlichen Weinkonsum, der den Mystizismus hochtreibt und die Mühen erleichtert. Auch in Palazzo San Gervasio war die Prozession ein mörderischer Strafmarsch samt Martyrien, Geißelungen und vielen nackten Füßen. Kamen die Ortsbewohner nach dieser Tour de force in der Kirche an – die Männer leicht benebelt und die Frauen bereit zur Buße, voll von Schuldgefühlen und durchdrungen vom Verlangen nach Vergebung –, bezog Onkel Priester in vollem Ornat Position auf der Kanzel: »für den Ablaß«. Zi'Filippuccio stützte sich mit den Händen auf der neugotischen Marmorbalustrade auf und betrachtete einige lange Minuten schweigend sein überfülltes Auditorium mit den durchdringenden Augen eines Erzteufels, so als wolle er die Sünden seiner Schäflein bis auf den Grund erforschen. Und sie wußten, daß er sie kannte. Mit anderen Worten: Er schuf eine Atmosphäre von solcher Spannung, daß eine totale Stille entstand. Hatte er dieses Schweigen bis ins Unerträgliche ausgedehnt, hob er – wie ein

Schauspieler – die Hand, deutete auf das Kruzifix und ging zum Angriff über. Er war fürchterlich. Warf allen miteinander alle Schmerzen und alles Leiden der Kreuzigung vor. Versuchte ihre Gewissen aufzuwühlen nach allen Regeln der Kunst, spielte, dramatisierte, schrie und donnerte. Und er ließ einfach nicht locker, bevor es ihm nicht gelungen war, mit der Darstellung der unendlichen Schmerzen des Herrn die gesamte Zuhörerschaft in schuldbewußtes und befreiendes Weinen ausbrechen zu lassen.

Einmal passierte es ihm – vielleicht, weil auch er seit dem frühen Morgen Schlückchen für Schlückchen getrunken hatte und deshalb ein wenig aufgedreht war –, daß er seine Predigt so fürchterlich und aufwühlend gestaltete, daß seine armen Pfarrkinder, völlig überwältigt von diesem glühenden Schwall von Anschuldigungen, Schmerzensdarstellungen, Lanzenstichen, Kreuzesqualen unter Nägeln und Dornenkrone und dann noch die arme Mutter und so weiter und so weiter in haltloses Schluchzen ausbrachen. Stolz auf diesen Erfolg, setzte Zi'Filipppuccio noch mal eins drauf, schlimmer als die Trompeten des Jüngsten Gerichts. Das kollektive Schuldgefühl erhitzte sich noch weiter, bis eine der Frauen völlig durchdrehte und vom leisen, unterdrückten Weinen der Sünderin dazu überging, zu schreien, sich die Brust zu schlagen und die Haare zu raufen. Von diesem ersten Ausbruch angefeuert, begannen sie sich nun gegenseitig anzustecken, bis schließlich alle miteinander verzweifelt heulten. Die Kirche, gefüllt bis auf den letzten Platz, wurde zu einem Inferno der Schreie und des Jammerns. Don Filippuccio, zuerst voll befriedigt von diesem Erfolg und dem emotionalen Einsatz seiner Gläubigen, überkam allmählich die Angst, übertrieben zu haben. Mit beruhigenden Gesten versuchte er den Aufruhr zu beschwichtigen. Aber da dieser Schwall der verzweifelten Selbstanklagen überhaupt nicht abebbte, schrie er mit gewaltiger Stimme:

»Ruhe! Ruhe... Ihr nehmt euch das zu sehr zu Herzen, liebe Leute. Das sind Dinge, geschehn in fernen, fernen Zeiten... In fernen, fernen Ländern... Sind uralte Geschichten... Und wer weiß, ob sie wirklich wahr sind...«

Doch wenden wir uns wieder den Geschehnissen im Hause Wertmüller zu: vor allem einem überaus bedeutsamen.

Am 29. August 1899 – dem letzten Jahr jenes übelriechenden Jahrhunderts, das beherrscht war vom schnauzbärtigen Terrorismus der Bourgeoisie und der stürmischen Entwicklung der Industriegesellschaft – brachte Felicetta Wertmüller, die Frau von Enrico, dem Sohn von Heinrichs Sohn Federico, meinen Vater zur Welt.

Er hatte die blauen Augen seiner Mutter und eine Nase, die mit den Jahren der von Erich von Stroheim immer ähnlicher wurde. Aber lassen wir ihn für den Augenblick noch in seinen weichen, zitronenduftenden Spitzenkissen wimmern.

1890
Santamaria-Maurizio
Angeli, Arcangeli – Engel und Erzengel – Marien und Santamarien ...

Cavaliere Arcangelo Santamaria-Maurizio mit hochgezwirbeltem Schnauzbart, kurzsichtigen himmelblauen Augen und von lebhaftem, geselligem Charakter – ein phantasievoller Unternehmer – war neugierig auf die Wunder des neuen Jahrhunderts.

Dieses phantastische, verheißungsvolle zwanzigste Jahrhundert faszinierte ihn, seit er einer der Organisatoren der »Bocconi«-Geschäfte in Rom geworden war. Er war es wohl, dem die Idee kam, Gabriele D'Annunzio um einen Namensvorschlag für das große Warenhaus zu bitten. Und als Beschwörung der optimistischen Erwartungen nannte der Dichterfürst es »La Rinascente«, »die Wiedergeborene«.

Zu Ende des Jahrhunderts war Rom, Sitz der Kirche und des Papstes, eine sehr kleine Stadt, doch hinreißend schön mit seinen antiken Monumenten, seinen Schlössern, Villen und den Palästen der Kirchenfürsten und Kardinäle. Trotz all dieser Renaissance-, dieser Barockpracht, trotz den Engeln, den Säulen, den riesigen Brunnen und dem Marmor hatte Rom sich ein bescheidenes mittelalterliches Gesicht bewahrt. Es hatte vergleichsweise wenige Einwohner. Sieht man einmal ab von der Kirche und ihren Fürsten, war es lediglich ein großes Dorf inmitten sumpfigen Weidelandes. Nun sollte es Hauptstadt von Italien werden, Anschluß an seine glorreiche kaiserliche Vergangenheit finden und sich dem Vergleich mit der megalomanen »Ville Lumière« stellen, die im Fieber der Weltausstellung und des Metro-Baus glühte. Sollte einem ganzen Hofstaat von neuen Adeligen Wohnung geben, Botschaften, Ministerien, öffentliche Einrichtungen, Fluten von Beamten und Angestellten aufnehmen und obendrein all jene, die es in diesem jungen Jahrhundert in die frischgeborene Hauptstadt ziehen würde, um hier im neuen Königreich ihr Glück zu machen. Das königliche Rom mußte dringend in Realität umgesetzt werden, und Cavaliere Arcangelo mit seiner vitalen Unternehmerpersönlichkeit wurde einer der Baumeister der neuen Hauptstadt.

Cavaliere Arcangelo Santamaria-Maurizio war in Neapel als Sohn einer Römerin und eines Neapolitaners zur Welt gekommen. Für die Wertmüller hätte das Motto gelten können: »Für die Frauen die Blume, für die Männer das Schwert«, während für Cavaliere Arcangelo mit seinem frechen Schnäuzer und den blauen Augen hinter dem Monokel eher zutraf: »Quanno mammeta t'ha fatto, vuò sapè che ce mettete... Oro, zucchero e cannella pe' te fá 'sta vocca bella!« (Grob übersetzt, weil unübersetzbar: Als Mamma dich machte, nahm sie Gold, Zucker und Zimt, um dich so schön hinzukriegen...) Ich bin überzeugt, daß er das Leben in der heiteren Zeit des ausgehenden Jahrhunderts in vollen Zügen genoß, bevor er sich entschloß, eine Familie zu gründen. Süden ist Süden, und Cavaliere Arcangelo wollte eine

Frau aus dem Süden. Genauer gesagt, aus der Gegend, aus der seine Großmutter kam: Irpinia. Land der Berge, der Hexerei und der starken Charaktere und berühmt vor allem für seine starken, gesunden Frauen.

So kam er nach Ariano Irpino, wo er Verwandte mütterlicherseits hatte. Er erinnerte sich an eine gewisse Signorina Angelina, die er einmal gesehen hatte, als sie noch ein sehr junges Mädchen gewesen war. Ihm waren der Stolz ihres Gesichts aufgefallen, die üppigen Lippen, die großen, tiefen schwarzen Augen, die feine, stark aristokratisch gebogene Nase und der sehr eigenwillige Ausdruck, gemessen und zurückhaltend.

Als Garibaldi durch Ariano Irpino zog, gab es ein Bankett beim Bürgermeister... Und sie, die kleine Angelina, erwählte man, dem großen Helden einen Blumenstrauß zu überreichen. Signorina Angelina Figliola war großzügig und sanft, hart und stark. Aber es gab ein Geheimnis in ihrem Leben. Und Signorina Angelina, meine Großmutter, erzählte es mir, als sie über achtzig war und nachdem ich sie lange genug mit meiner Neugierde gequält hatte. Es handelte sich um eine Jugendliebe, sein Name war Gabriele...

Gabrielluccio, Angelina und endlich Arcangelo

Man könnte es fast ein mystisches Schicksal nennen, das der Familie Santamaria, so angefüllt mit Angeli, Arcangeli – mit Engeln, Erzengeln – Gabriels und Marien...

Der Gabriele von Angelina war noch ein Kind, als man ihn ins Seminar sperrte. So will es der Brauch in den ärmeren Familien des Südens: Der erstgeborene Sohn übernimmt die Arbeit des Vaters, der zweite wird Priester und der dritte Polizist. In einem so schwierigen Land wie Italien kann es nur nützlich sein, Polizisten und Priester in der Familie zu haben. Gabrieles Schicksal war das des Zweitgeborenen.

Als der kleine Gabriellucio in seinem armseligen Seminaristengewand durch die steilen, steinigen Straßen von Ariano kletterte, schloß er Freundschaft mit Angelina, mit ihren Zöpfchen und den unter dem Rock zusammengebundenen langen Hosen. Als sie heranwuchsen, wandelte sich diese Freundschaft zu einem anderen Gefühl. Scham und Schüchternheit begrenzten das Ganze auf lange Blicke und glühende Wangen. Bis zu jenem Augenblick, als Gabriellucio zu Ferienende beim Abschied zitternd vor Erregung seinen ganzen Mut zusammennahm und Angelina sein Herz zu öffnen versuchte.

»Ich fühle mich dir sehr zugeneigt.«
»Seid still, Ihr in diesem Gewand...«
»Ich bin aber kein Priester...«
»Du trägst die Soutane... Das macht mir Eindruck...«
Und darüber trennten sie sich.

Schüchtern begann Gabrieluccio ihr vom Seminar aus Briefe und Geschenke zu schicken. Es waren seine ureigenen Erfindungen: Rund um seine Liebesgedichtchen klebte er Zeitungsausschnitte zu richtigen kleinen Collagen.

> *Tutti parlate arcanamente ai cuori*
> *Vaghi, olezzanti, profumati fiori...*
> *Ora lieti ora tristi favellate*
> *Dolce protum dell'alme innamorate*

> (Liebliche Blumen voll Wohlgeruch...
> geheimnisvoll sprecht ihr zu unseren Herzen
> Worte mal heiter, Worte mal traurig
> Süßer Duft verliebter Seelen...)

Als ich klein war, befand eines dieser Kunstwerke sich noch im Haus. Ein wahres Wunder an Geduld. Eines Zwangarbeiters würdig. Keine leeren Worte, sondern echter Liebesbeweis. Wie auch immer – Gabrieluccio und Angelina schrieben sich Briefe und träumten ein wenig, schickten sich zwischen rosa und blütenweißen, nach Veilchen und Minze duftenden Seiten Locken, Stiefmütterchen und vierblättrige Kleeblätter. Dann kam der unerbittliche Augenblick in dem Gabrieluccio sich entscheiden mußte.

Angelina, die mit aller Hingabe an die Madonna von Pompeji glaubte, betete nachts zu der perlengekrönten Himmelskönigin mit den sanften, traurigen Augen.

Gabrielluccio war unsicher, ob er die ewigen Gelübde ablegen und Priester werden oder ob er der allergrößten Versuchung erliegen, die Kutte in die Brennesseln werfen und in die Welt zurückkehren sollte, wo sie, Angelina, auf ihn wartete. Da stellten seine geistlichen Väter, die die Situation begriffen hatten, Gabrielluccio den Verzicht auf diese Liebe als das allerhöchste Opfer vor Augen, das der Herr dem künftigen Streiter Christi abverlangte.

»Hast du, Bruder Gabriele, den Mut, die Kraft der Liebe, auf die irdischen Freude zu verzichten, oder willst du ihretwegen unseren armen Herrn Jesus im Stich und allein am Kreuz leiden lassen?«

Gabrielluccio ging in die Falle. Er nahm diese schöne Jugendliebe als Prüfung des Himmels, und an seiner Märtyrerehre gekitzelt, bat er schließlich auch Angelina, dem Herrn ihr Gefühl zu opfern...

Angelina, in Konkurrenz zum Herrn Jesus gesetzt, akzeptierte als frommes und gottesfürchtiges Mädchen Gabrielluccios schrecklichen Vorschlag und bot dem Himmel diesen Verzicht dar, aber im Grund ihres Herzens war sie tödlich beleidigt. Nachdem Gabrielluccio seine Gelübde abgelegt hatte, igelte sie sich ein und wies alle Bewerber ab, die sich ihr zu nähern versuchten. Ich glaube, allein aus Groll gegen jene, die ihr den Freund geraubt hatten, ging sie nicht ins Kloster.

Zum Glück heilt die Zeit die Wunden, läßt Mond

und Sterne weiterwandern, und als Cavaliere Arcangelo Santamaria-Maurizio eintraf, war die Situation bereits gelöster. Daß das Eis schmolz, so denke ich mir, hatte nicht zuletzt mit den langen Blicken aus den azurblauen Augen des Cavaliere zu tun, der im Café saß, während sie auf dem Corso an ihm vorüberging, und mit seinem Augenzwinkern, während er sich den Schnurrbart zwirbelte, und mit seinem Lächeln, das ihr die Röte ins Gesicht trieb.

Wie die Tradition es wollte, diente der Pfarrer als Vermittler. Cavaliere Arcangelo ging zu ihm, küßte seinen Ring und begann die Verhandlung.

»Hm... Die Tochter von Michele Figliola, dem Verwalter der Güter des Barons Melito. Er hat auch einen Sohn, der Lehrer in Neapel ist, Anacleto. Eine gute Familie, geht in die Kirche, wohlhabend. Das Mädchen bekommt zudem eine ordentliche Mitgift, ist anständig und gottesfürchtig... Aber...«

»Aber was? Don Antonio, ich habe ernsthafte Absichten. Ich bin, bescheiden ausgedrückt, eine gute Partie. Wer sollte mich abweisen? Die Mädchen laufen hinter mir her, Don Antonio. Einen besseren kann sie nicht finden!«

»Ja, ja, mein Sohn... Aber glaubst du tatsächlich, daß sie so ruckzuck... Angelina hat ohne jede Erklärung bessere Partien als dich abgewiesen. Sie hat ihren ganz eigenen Charakter. Hebt das Kinn in die Luft und sagt: Nein. Und dann gibt sie kein weiteres Wort mehr von sich...«

»Und warum? Es muß einen Grund dafür geben... Ihr seid Priester, ihr wißt alles...«

»Was weiß ich?... Was weiß ich!... Was ich weiß

und was ich nicht weiß, zählt überhaupt nicht. Ein gutes Wort kann ich einlegen. Aber bei Angelina Figliola... Sie ist ein Dickkopf. Sagt sie nein, meint sie nein...«

»Aber mir nein, nein wird sie mir nicht sagen. Es sei denn, sie hat einen anderen im Sinn. Falls das so ist, müßt ihr es mir sagen, ich stehe nicht gerne dumm da.«

»Nein, nein. Aber... Nun, es gab einen Bewerber, der starb dann im Krieg, der arme Junge. Weißt du, oft setzen die Mädchen sich fixe Ideen in den Kopf. Wer weiß, vielleicht will sie der Erinnerung treu bleiben... In diesem Fall... es gibt auch noch andere anständige Mädchen...«

Der vorsichtige Don Antonio war über die Geschichte von Gabrielluccio und Angelina natürlich genau im Bilde, versuchte so die Widerspenstigkeit des Mädchens zu erklären und Arcangelo auf die Abfuhr vorzubereiten, die er seiner Meinung nach unweigerlich erhalten würde. Aber auch Arcangelo Santamaria hatte einen dicken Kopf.

»Don Antò... Ich habe Angela Figliola gesagt, und Angela Figliola wird es werden! Darauf gibt euch Cavaliere Santamaria sein Wort. Aber wenn Ihr wollt, können wir auch um einen Capocollo (Wurst aus Schweinehals) und zwei Caciocavalli (Weichkäse) wetten...«

»Mach, daß du fortkommst, du Flegel!... Nein wird sie sagen!«

»Dann laßt uns doch wetten...«

Am Ende nahm Don Antonio die Wette an.

Das Schöne war, daß Angelina zuerst nein sagte.

Aber da sie stets errötete, wenn Arcangelo sie auf der Straße traf oder unter ihrem Balkon entlangging, begriff er, daß es sich um ein taktisches »Nein« handelte. Er spürte, daß Angelina eine Schwäche für seinen Schnauzbart und sein unternehmungslustiges städtisches Auftreten hatte. Sei es wegen der Wette, sei es aus Optimismus, sei es, weil das Mädchen ihm immer besser gefiel, je häufiger er es sah – jedenfalls fühlte er sich keineswegs beleidigt, sondern beschloß, auf die Vermittler zu verzichten. Denn in jenem ausgehenden neunzehnten Jahrhundert wurden die Ehen in Ariano Irpino über ein ganzes Netz von Personen in die Wege geleitet. Don Antonio, eine Tante, Angelinas Vater und Mutter, die mütterlichen und die väterlichen Großeltern, noch eine Tante. Kurz und gut – eine ganze Schar von Familienmitgliedern trieb das Projekt in den Küchen, den Wohnzimmern, auf den Straßen, im Pfarrhaus, auf der Hauptstraße und im Café vorsichtig voran.

Der Antrag von Cavaliere Santamaria schmeichelte der Familie Figliola, die Angelina in Anbetracht ihres schwierigen Charakters bereits für die Ehe verloren und ihr das Schicksal der alten Jungfer vorbestimmt sah. Dieser Heiratsantrag des reichen römischen Bauunternehmers erschien ihnen wie ein Wunder des Erzengels Gabriel und der Madonna von Pompeji, der die Familie sehr gläubig ergeben war. Aber je mehr man Angelina drängte, bedrohte und anflehte, um so mehr versteifte Angelina sich auf ihr Nein.

Doch eines Abends beim Gottesdienst geschah es Angelina, daß Cavaliere Santamaria neben ihr saß. Angelina erglühte, senkte den Kopf, vergrub das Gesicht zum Gebet zwischen den Händen. Ohne ein Wort zu sagen, fixierte Arcangelo, der »Erzengel«, sie im Halbdunkel mit dem Lächeln eines Arcidiavolo, eines Erzteufels. Die Altarkerzen, umwallt vom Weihrauch, entzündeten Lichter in seinen spitzbübischen, leidenschaftlichen azurblauen Augen. Angelina sah dies durch die aufs Gesicht gepreßten Finger, während sie mechanisch Vaterunser und Avemaria vor sich hinmurmelte. »Co chisti modi Brigida/ Tazza 'e cafè parite/ sotto Tenite 'u zucchero/ e 'a coppa amara site...«

Jesus, Josef und Maria... Er sang. Cavaliere Santamaria sang ihr in der Kirche, während des Gottesdienstes, ganz leise ein freches Lied ins Ohr. Auch er auf den Knien, tat so, als bete er, das Gesicht zwar mit den Händen bedeckt, aber ihr zugewandt, weil nur sie allein sehen und hören sollte.

Angelina glaubte sterben zu müssen. Dieser Verrückte sang weiter:

»Ma io tanto ch'aggià girà./ Io tanto ch'aggià vutà/ che 'o doce 'e sotto 'a tazza/ fino 'a mocca m'adda arrivà.« (Der Kaffee ist im Leben des Südens von großer Bedeutung. Das Mädchen wird hier mit einer Tasse Kaffee verglichen – oben bitter, unten süß – und zum Zucker möchte er hingelangen...)

»Jesus... Ihr seid ja verrückt...«

»Ja, das ist wahr... verrückt vor lauter Liebe...«

»Still, still... schämt ihr Euch nicht?... Wir sind in der Kirche...«

»Was ist denn Schlimmes dabei... In der Kirche will ich Euch heiraten... vor Gott. Aber Ihr müßt mir Euer Jawort geben...«

»Niemals...«

Zwei Monate später heirateten sie. Der ganze Ort nahm teil an der Zeremonie, einschließlich der Herzogin von Melito. Das Hochzeitsmahl bestand aus gut fünfunddreißig Gängen: Fettuccine, Lasagne, Reistorte, überbackene Nudeln, Consommé »millenfants«, Zuppa alla santé, gebratene Hühner, Lamm, Schwein, gefülltes Perlhuhn, Schmorbraten, Lammkoteletts, »ciffeciaffe« in Zitronenbrühe, Fischsuppe und ausgebackenen Krabben, Tintenfische und Meerbarben, Käse, Wurst, Zuppa inglese, Torte Saint-Honoré, Halbgefrorenes, Crostata und Hochzeitstorte sowie jenen berühmten Capocollo und die beiden Caciocavalli, die Don Antonio dem Cavaliere für die verlorene Wette schuldete. Das Essen dauerte zehn Stunden, von zwölf Uhr mittags bis tief in den Abend. Um sechs Uhr nachmittags, nachdem die letzte Torte angeschnitten und der Tanz eröffnet war, verabschiedete sich das Hochzeitspaar unter Weinen und Lachen von all den feiernden Gästen und fuhr im Wagengeleit zum Bahnhof.

Cavaliere Arcangelo wollte die Hochzeitsnacht in Neapel verbringen. Aber Angelina nahm in ihrer Panik Zuflucht zu jeder nur möglichen Entschuldigung, versuchte das Ereignis der Ereignisse hinauszuzögern und bestand auf der Weiterfahrt. Nach einer fürchterlichen Reise trafen sie endlich in Rom ein. Das überfüllte Abteil hatte dem feurigen Arcangelo jede Art von Annäherung an seine spröde junge Braut unmöglich gemacht – wonach ihm eigentlich der Sinn stand. Durchgerüttelt vom römischen Straßenpflaster, sah Angelina aus dem Wagen heraus im ersten

Sonnenlicht in einer ganzen Aufeinanderfolge von Palästen und Brunnen, Säulen und Statuen die berühmte Kapitale der tausend Kirchen. Während sie soviel vollkommene Schönheit benommen mit den Augen aufnahm, dankte sie in ihrem Herzen Gott, diese zusätzlichen Stunden gewonnen zu haben, die sie von der beängstigenden Hochzeitsnacht trennten. Natürlich hatte ihre Angst nicht das geringste mit ihrer Liebe zu tun. Denn sie war hoffnungslos verliebt in Cavaliere Santamaria, in seine Fröhlichkeit, seine Lebhaftigkeit, in die draufgängerische, verwegene Art, ihr den Hof zu machen. Aber die Liebe ist eine Sache und das Geheimnis der Sexualität eine andere.

Auf dem Campidoglio, in der Via Rupe Tarpea 50, genau an der Piazza Montanara, mit schönem Ausblick auf das Forum Romanum voller Schafe und Schäfer, befand sich die große Wohnung, die Arcangelo ihnen als Nest vorbereitet hatte. Mit Mühe kletterten sie hinauf, denn die Treppe war hoch und steil. Die Gepäckträger und der Kutscher trugen schwitzend und schnaubend die zwanzig Koffer mit der reichen Aussteuer der Braut, den Hochzeitsgeschenken und all den Dingen, die Freunde und Verwandte für das Haus zusammengetragen hatten. Als die beiden jungen Eheleute verschwitzt und erschöpft und nachdem sie üppige Trinkgelder verteilt hatten, die Wohnungstür schlossen und »endlich allein« waren, blickten sie sich in die Augen. Angelina, die bis zu diesem Augenblick die Fassung bewahrt hatte, war von so vielen neuen Dingen einen Moment lang völlig überwältigt, und ihre schwarzen arabischen Augen füllten sich mit Tränen. Arcangelos blaue Augen lächelten zärtlich. Und er beeilte sich, sie zu trösten. Unter Streicheln und Weinen ereignete sich trotz aller Müdigkeit ihre »erste Nacht« am hellichten Tag.

Die Sonne ging hinter dem Petersdom unter, die Schatten der Säulen auf dem Forum Romanum wurden länger, als Cavaliere Arcangelo, der ausgegangen war, um seine Geschäftskontakte und seine Angelegenheiten wiederaufzunehmen, nach Hause zurückkehrte. Angelina hatte Wunder vollbracht. Mitten im Chaos der noch unausgepackten Koffer hatte sie den Tisch für ihr erstes gemeinsames Abendessen gedeckt. Die Tafel war sehr liebevoll geschmückt: Dies sollte kein einfaches Abendessen sein, sondern eine Huldigung, eine Zeremonie. Angelina hatte das allerschönste Tischtuch hervorgeholt, an dem sie jahrelang gestickt hatte, das kostbarste Service, das ihr ein Onkel aus Avellino geschenkt hatte, das Silberbesteck, die Kristallgläser, ein Geschenk des Apothekers – kurz, das Beste vom Besten. Arcangelo sah verblüfft diese Pracht, begriff nicht, daß Zärtlichkeit und Liebe dahintersteckten, und schalt sie, halb im Spaß, halb im Ernst:

»Was ist denn hier los? ... Was soll dieser Aufwand nur für uns beide? ... Angeli, was ist dir nur in den Kopf gestiegen?«

Tödlich beleidigt, fixierte Angelina ihn einen Augenblick mit Adlergesicht. Ein Augenblick furchtbarer Spannung. War das möglich? Nun, da sie sich geöffnet hatte, ihm deutlich ihre Liebe zeigte, begriff er nicht? Was bildete dieser Cavaliere Arcangelo Santamaria sich ein? War sie nicht der bedeutendste Gast in diesem Haus? Sie hob den Kopf und beschloß, ihm auf der Stelle den Krieg zu erklären. Wortlos ergriff sie das kostbare Tischtuch, auf das sie so viele Arbeitsstunden verwandt hatte, und zog mit einem Ruck. Vor Arcangelos fassungslosen Augen flog das ganze kostbare Geschirr durch die Luft und zerbrach auf dem Boden. Dann drehte sie ihrem Mann wortlos den Rücken zu, ging und schloß die Schlafzimmertür hinter sich. Er begriff nicht sogleich das Revolutionäre dieser Handlung. Einen Augenblick lang fürchtete er, eine Verrückte geheiratet zu haben. Er zündete sich eine Zigarre an, trat ans Fenster, blickte in die Dämmerung, die sich über das Forum herabsenkte, und dachte nach. Als er die Zigarre zu Ende geraucht hatte, ging er ins Schlafzimmer. Angelina lag auf dem Bett, das Gesicht in den Kissen vergraben. Arcangelo trat auf sie zu. Küßte ihre die Hand.

»Du hast recht, verzeih mir, Signora Santamaria. Ich bin ein Rohling, und du bist ein Engel. Schau mich an und sag, daß du mir verzeihst...«

Und damit hatte Angelina sich den Respekt verschafft, dessen sie bedurfte – zuerst von seiten Arcangelos und dann im Laufe ihres langen Lebens von der ganzen Familie.

Aber lassen wir Angelina und Arcangelo nun zärtlich Frieden schließen. Erinnern wir uns nur, daß wir uns im Jahr 1900 befinden.

1909
Ein unbequemes Jahrhundert hat begonnen

Die Familie des Cavaliere Arcangelo führte in diesen ersten Jahren des Jahrhunderts ein ruhiges, heiteres Leben. Maria war zur Welt gekommen, mit großen, kastanienbraunen Augen und mit vollen Lippen. Corradino war zur Welt gekommen – mit der ausgeprägten Nase Donna Angelinas und mit naturgewelltem Haar, das ihn als Erwachsener zur Verzweiflung bringen sollte, weil es allen modischen Pomadisierungsversuchen rebellisch widerstand.

Donna Angelina erzog die Kinder mit starker, liebevoller Hand. Waren sie gehorsam und machten brav ihre Auf- und Abstriche und ihre Schönschreibübungen, schickte sie sie zum Ringelreihen auf den Campidoglio oder zum Versteckspiel auf den Terrassen und in den Gärten, die auf das Forum hinausgingen. Wegen des Marktes wurden sie sonntags jedoch kurzgehalten.

Genau unter den Fenstern der Wohnung erstreckte sich gleich neben dem Forum die Piazza Montanara, wo seit Jahrhunderten am Sonntagmorgen der »mercato delle braccia«, der Markt der Arbeitssuchenden, abgehalten wurde.

Die Kinder waren fasziniert von diesem ungeheuren Spektakel. Sie kletterten auf Stühle und lehnten sich weit zum Fenster hinaus. Im Hintergrund lag im Dunst die Stadt mit ihren zahllosen Kuppeln, Dächern und Terrassen. Und aufgrund des gewaltigen Baufiebers war sie voller neuer Baustellen. Gleich in der Nähe befand sich die des Denkmals für Vittorio Emanuele mit zahllosen weißen Marmorblöcken hinter den Zäunen, während unten auf dem Platz der Sonntagsmarkt in den leuchtendsten Farben Gestalt annahm.

Corradino und Mariuccia waren wie verzaubert von diesem Gewirr von Menschen, Geräuschen und Farben. Aber wenn Donna Angelina sie dort am Fenster entdeckte, überkam sie der Schrecken, sie so gefährlich weit hinausgelehnt zu sehen. Sie versetzte ihnen ein paar kräftige Ohrfeigen und zog sie herunter:

»Wollt ihr hinunterfallen?... Was gibt es da zu sehen... Das sind beklagenswerte Leute, die Arbeit suchen... Geht lernen... lernen... Sonst endet ihr noch wie diese armen Teufel da unten...«

Aber man weiß ja, wie Kinder sind. Je mehr man ihnen eine Sache verbietet, um so anziehender wird sie. Für Corradino war die Piazza Montanara das Wunderland. Und so geschah es...

Ein Sonntag im Juni

Eines schönen Sonntags im Juni – Donna Angelina war ausgegangen, um einzukaufen – unterbrach Corradino seine Aufgaben. Wie immer fühlte er sich angezogen von dem lebhaften Marktgetümmel unten auf dem Platz, und so erpreßte er Mariuccia.

»Ich geh' runter... Wenn du es Mamma erzählst, dann sag' ich ihr, daß du die Tasse mit den Margueriten zerbrochen hast.«

Vergeblich versuchte Mariuccia ihn zurückzuhalten.

Corradino, der lebhafte Schlingel, war bereits hinaus zur Tür, auf seinem ersten großen Abenteuer. Seinen weit und staunend geöffneten Augen erschien die Piazza Montanara wie eine märchenhafte Spielzeugwelt. Hier drängte sich eine vielköpfige, nach Schafen und tausend anderen Düften riechende Menge. Hirten, Tagelöhner, Frauen und Kinder, die dort die ganze Nacht eingehüllt in grobe Mäntel oder in Wollschals auf dem Boden geschlafen hatten, versuchten sich lautstark in diesem Durcheinander hörbar zu machen, während die Gutsbesitzer und die Vorarbeiter umhergingen und Arbeit anboten.

Corradino betrachtete die römischen Landfrauen, ihre hochgebauten Frisuren und die steifen Mieder.

Begeistert von der fröhlichen Buntheit all dieser Verkaufsstände, stand er bewundernd vor den Früchten, dem Gemüse, dem Käse, den Ständen der Barbiere und jenen der Stiefel- und der Weinverkäufer. Neugierig und aufgeregt bewegte er sich durch die Menschenmenge. Ein Gewirr von Stimmen, die ihm unverständliche Dialekte sprachen: aus der römischen Provinz, aus den Marken, den Abruzzen, aus Neapel. Inmitten dieses Getümmels zog ihn ein Glöckchen an. Ein riesiges haariges Tier mit einem Ring in der Nase und einem Glöckchen an der Tatze, das, angetrieben vom Stöckchen eines Hirten, von einem Fuß auf den anderen sprang.

»Wer ist das?« fragte Corrado einen sonnengebräunten Straßenjungen mit wachen, glänzenden Augen.

»Das weißt du nicht? Das ist ein Bär.«

Ein Bär! Wunder aller Wunder. Corradino stand da mit aufgerissenem Mund. Der Junge steckte ihm blitzschnell einen Finger hinein und brach in schallendes Gelächter aus.

»Dummkopf! Mach die Klappe zu, es zieht... Wer das ist? Hast du noch nie 'n Bär gesehen? Kommt aus den Abruzzen. Und da drüben ist ein Affe!...«

»Ein Affe!«

Der Straßenjunge war schon in der Menge verschwunden. Corradino stürzte hinter ihm her. Auf der Schulter eines Gauklers hockend, schlug ein Äffchen zwei Becken gegeneinander. Am Hals des Mannes hing ein Kästchen voller farbiger Kärtchen.

»Die Glücksplaneten. Laßt euch das Schicksal erzählen! Die Männer vom Affen, die Frauen vom Papagei...«

Eine fette, dunkelhäutige Frau mit großen, glänzenden Ohrringen hielt einen Käfig mit einem kleinen grün-gelben Papagei darin. Corradino war hingerissen. Aber das war noch nicht das Ende aller Wunder.

Weiter drüben kam von einer anderen Menschenansammlung Gitarrenklang. Corradino schlängelte sich durch Mäntel und Röcke und sah schon wieder ein neues Mirakel: Ein Mann mit schwarzer Blindenbrille zupfte die Gitarre. Neben ihm stand ein Junge mit einem Tellerchen, auf dem Münzen glänzten.

»Sor Capanna... Sor Capanna...«

Corradino hatte diesen Namen schon gehört, der an die »Capannuccia«, die Hütte am Fluß, erinnerte. Jeder in Rom kannte diesen Bänkelsänger und seine boshaften Moritaten. Die Leute ringsum amüsierten sich. Der alte Blinde setzte mit einem schönen, kräftigen Akkord zur Begleitung an und sang dann mit tiefer Stimme, die rauh klang wie altes Eisen:

> »Ci avete li ricetti fatti a molla
> drento c' è er pidocchietto che ce balla
> e fa pure à tarantella.«

> (Ihr habt so schöne Korkenzieherlocken
> drinnen hüpft fröhlich der Floh,
> und er tanzt sogar die Tarantella.)

Mariuccia zu Hause hatte Bauchschmerzen vor Angst. Die Zeit verging, und Corradino kam nicht wieder. Die Sache drohte sich zur Tragödie zu entwickeln. Und sie wurde es auch, kaum daß Donna Angelina zurückgekehrt war, begleitet von Rosinella, dem Mädchen vom Land, das ihr im Haushalt half. Zitternd versteckte Mariuccia sich hinter ihrem Tischchen und tat, als mache sie ihre Aufgaben.

Donna Angelina verstaute die Einkäufe in der Küche, kam dann entspannt und frisch zurück.

»Wie geht's meiner Kleinen?«

Sie gab ihr einen Kuß und fragte:

»Und Corradino?«

Ohne die Antwort abzuwarten ging sie wieder und machte sich in der Küche zu schaffen, überzeugt, ihr Sohn sei auf der Toilette.

»Corradi... Corradi... Ja nun?«

Die Stille erschien ihr verdächtig, und so ging sie nachsehen. Mariuccia saß da mit geschlossenen Augen und betete zu allen Heiligen. Donna Angelina kam herein wie der Wirbelwind.

»Corradi... Wo hast du dich versteckt?... Na hör mal! So ein Räuber... Komm sofort zu Mamma...«

Indessen schaute sie unter den Betten nach, in den Schränken, hinter den Türen, ohne auch nur im geringsten die grauenvolle Wahrheit zu ahnen. Mariuccia glaubte sterben zu müssen, machte sich immer kleiner, bis Donna Angelina endlich wieder zu ihr zurückkehrte.

»Ja Himmel... wo ist Corradino denn abgeblieben? Wo ist er? Wo ist er?«

Arme Donna Angelina!

Nunmehr hatte die nackte Angst das Herz der armen Mariuccia erfaßt. »Ich weiß nicht, Mamma... Ich weiß nicht...«

Doch als sie den Blick zum Gesicht der Mutter zu heben wagte und sah, wie blaß und aufgeregt sie war, verlor sie die Fassung und begann zu weinen.

Donna Angelina begriff den Grund für diese Tränen und packte die Kleine mit eisernem Griff. »Du weißt es... Wo ist er?...«

»Ich habe die Tasse mit den Margueriten nicht zerbrochen... Ich war's nicht...«

Donna Angelina versuchte Ruhe zu bewahren. Sie spürte, daß Mariuccia im Begriff war, sich einem dieser hysterischen Anfälle zu überlassen, der äußersten Zuflucht eines Kindes, das sich in die Enge getrieben fühlt.

»Schon gut... ist ja schon gut... komm zu Mamma... die Tasse ist nicht wichtig... Du sollst Mamma bloß sagen, wo Corradino ist...«

Vor diesen Augen voller besorgter Liebe, die ihre wärmste Zuflucht waren, schmolz Mariuccias Widerstand dahin.

»Er ist auf den Markt runtergegangen... Aber ich hab' dir nichts gesagt...«

Donna Angelina ließ die Kleine auf der Stelle los, griff nach dem Makramee-Schal und dem Hut mit den Früchten, weil eine Dame nicht einmal, wenn es brannte, unbedeckten Kopfes ausging, stürzte die Treppe hinunter und rief dem Hausmädchen zu:

»Rosinè... Wenn mein Mann kommt, sag ihm, ich sei zum Markt hinuntergegangen, um Corradino zu suchen... Nein... Nein... Besser, du sagst ihm gar nichts... Sag ihm, wir sind hinuntergegangen und kommen gleich wieder... Wir kommen gleich wieder...«

Und indessen stürmte sie mit den Schritten der höchsterregten Mamma die Treppe hinab.

Hirten zu Fuß und zu Pferde, Bäuerinnen, Arbeitsvermittler, Zigeuner, Händler, Musiker, Streuner, Schwindler und die Scharen von Arbeitern und Tagelöhnern, die sich nun zusammenfanden – dieser ganze Tumult war auch Donna Angelina ungewohnt. Händler und Vagabunden drängten auf sie zu, weil sie ihnen, damenhaft, wie sie war, als eine gute Kundin erschien. Aber Donna Angelinas Gangart flößte ihnen auf der Stelle Respekt ein, und sie wichen wieder zurück.

»Entschuldigt, habt ihr einen kleinen Jungen gesehen... einen kleinen Achtjährigen... ein Kind...«

Lächelnd und fröhlich singend kehrte Cavaliere Arcangelo nach Hause zurück, um die Familie zur Messe zu bringen und dann gemeinsam vor dem sonntäglichen Mittagsmahl bei Faraglia Kuchen zu holen. Angelinas und Corradinos Abwesenheit, die stammelnde, feuerrote Rosinella und die verzweifelt weinende Mariuccia offenbarten ihm auf der Stelle, daß etwas Schlimmes geschehen sein mußte.

»Was ist passiert... Hört mal... Was ist hier los?... Ihr macht mich wirklich nervös... Sag Papa, was ist...«

Unter Schluchzen erzählte Mariuccia ihm alles. Und auch Cavaliere Arcangelo raste wie der Blitz die Treppe hinab, um Frau und Sohn im Marktgetümmel zu suchen

»L'aqua fa male
er vino fa cantàaa...«

(Wasser ist ungesund,
Wein regt zum Singen an...)

Sor Capanna sang seine Geschichten, rings umgeben von einem ganzen Kreis von Leuten, und Corradino stand staunend da, glücklich und selbstvergessen, und biß dabei ab und an in das Stück *mostacciuolo* (kleiner Kuchen aus Mehl, Zucker, getrockneten Feigen, Rosinen und kandierten Früchten), das sein kleiner Freund ihm geschenkt hatte. So sah in Donna Angelina. Als sie ihr Kind neben einem barfüßigen, zerlumpten Straßenjungen und inmitten der Bäuerinnen und Hirten erblickte, stieg ein solcher Zorn in ihr auf, daß ihr das Blut in die Augen schoß und sie auf ihn zustürzte, um ihn zu packen. Aber im gleichen Moment hatte Corradino sie bemerkt und verschwand voller Panik zwischen den Beinen der Leute.

Er rannte davon wie ein kleines verfolgtes Tier, schlüpfte zwischen den Bauersfrauen, den Röcken, den Stiefeln, den Nagelschuhen hindurch, aber trotz der lärmenden Menschenmenge hörte er immer noch Donna Angelinas atemlose Stimme hinter sich:

»Curradi... bleib stehen, du Bengel... Curradiii... Verdammt und zum Teufel noch...«

Aber er rannte, rannte wie ein Wahnsinniger, stieß rechts an, stieß links an, bis etwas Riesiges wie die Hand Gottes ihn am Kragen packte und hochhob. Er strampelte noch mit den Füßen im Leeren, als er sich Auge in Auge mit dem Monokel des Vaters sah. Die blauen Augen schauten ernst und besorgt. Corradino hielt dem Blick nicht stand und versuchte sich ihm, in der Luft hängend wie eine verschreckte Katze, zu entwinden. Dann kam der Aufprall mit Donna Angelina, die in ihrem atemlosen Lauf genau auf Mann und Sohn stieß. Für einen Augenblick kam es zu einer liebevollen Umarmung, aber gleich darauf hagelte es Schläge. Donna Angelina war wie eine Furie, prügelte ihr Söhnchen aufs heftigste, tobte so ihre ganze aufgestaute Angst aus. Corradino wußte, daß er die Schläge verdient hatte, und steckte sie lautlos ein, ohne eine Träne.

Don Arcangelo ließ es zu, daß seine Frau sich eine Weile austobte, dann erhob er die Stimme:

»Komm, jetzt ist es genug... Wir wollen hier doch kein Schauspiel geben.«

Er nahm den Sohn unter den einen Arm, legte den anderen um Donna Angelinas bebende Schultern und brachte sie beide nach Hause.

Kaum hatte sich die Wohnungstür hinter ihnen geschlossen, bedeutete Cavaliere Arcangelo, immer noch mit finsterer Zornesmiene, Corradino in sein Zimmer zu gehen.

»Diesmal hast du übertrieben und jetzt müssen auch wir beide miteinander abrechnen... Entschuldige Angeli... laßt uns allein.«

Er schickte seine Frau und Mariuccia fort, die sich, immer noch tränennaß, an den Rock der Mutter klammerte und ihren Bruder nicht anzusehen wagte, der sie fixierte wie eine Verräterin.

Blaß betrat Corradino das Zimmer. Cavaliere Arcangelo drehte den Schlüssel um, und nun standen Vater und Sohn sich gegenüber. Endlich ging Cavaliere Arcangelo auf das Fenster zu.

»Komm her...«

Corradino näherte sich langsam.

»Du hast heute etwas Böses angestellt, weißt du das?«

Corradino senkte wie zustimmend den Kopf.

»Ich wollte so gern den Markt sehn...«

»Warum hast du Mamma nicht gefragt?«

»Aber ich hab' sie doch gefragt... Schon so oft. Sie sagt immer nein... Und weil sie nicht da war, bin ich mal eben ganz, ganz kurz nach unten gelaufen... Hätte diese Verräterin nichts gesagt...«

»Ach nein?... Zum Glück hat Mariuccia gesprochen... Andernfalls hätten dich die Zigeuner mitgenommen. Sie hätten dich in den Sack gesteckt und fort mit dir... Du wärst in wer weiß welchem fernen Land geendet, mit einem Ring in der Nase wie der Bär, und du hättest unter Peitschenschlägen tanzen müssen... Mamma hatte recht, als sie nein sagte... Bei bestimmten Sachen mußt du Papa fragen... Das sind Sachen unter Männern... Weißt du, daß du Mamma zum Weinen gebracht hast?«

Corradino senkte erneut den Kopf.

»Du weißt, daß ich dich jetzt grün und blau schlagen müßte?«

»Aber Mamma hat mich doch schon geschlagen...«

»Ich habe ihr gesagt, sie solle aufhören, und die Schläge waren mehr als gerecht... Denn du hast sie verdient... Sag selbst... Hast du sie verdient?«

Corradino verzog das Gesicht. »Warum fragst du mich? Ich glaube nicht...«

»O doch... Denn daraus lernst du. Und wirst es nicht wieder tun.«

»Und wenn ich dir verspreche, daß ich es nicht wieder tu?«

»Zuerst bekommst du deine Schläge, und dann wirst du mir trotzdem versprechen, daß du es nicht wieder tust. Hierher.«

Corradino näherte sich widerstrebend dem Cavaliere Arcangelo, der sich auf einen Stuhl gesetzt und sein tweedbekleidetes Bein vorgestreckt hatte. Widerwillig beugte Corradino sich über das Bein des Vaters und warf ihm einen schrägen Blick zu. Er kannte diese himmelblauen, guten und kurzsichtigen Augen allzugut. Kaum hob der Vater die Hand, schrie er auf. Der Cavaliere ließ die Hand in der Luft stehen.

»Was soll das? Schreist du schon vorher?«

»Tu mir nicht weh, Papa...«

»Du hast Mamma weh getan... Und jetzt...«

Und er versetzte ihm den ersten Schlag aufs Hinterteil.

»Auaaaa! Au! Au! Au!...«

Der Cavaliere schlug, und Corradino schrie. Und je lauter er schrie, um so sanfter wurden Papas Schläge. Sie sprachen es nicht aus, aber die beiden hatten sich verstanden. Es ging vor allem darum, Donna Angelina Genugtuung zu geben. Der zog sich draußen vor der Tür das Herz zusammen, als sie die Schreie hörte, bis sie es schließlich nicht mehr aushielt und klopfte.

»Arcà... komm, es reicht, wir müssen in die Kirche.«

Mit einem letzten Blick des Einverständnisses standen Vater und Sohn auf. Corradino weinte herzzerreißend, als Cavaliere Arcangelo die Tür öffnete und mit grimmigem Blick sagte:
»Und tu es ja nicht wieder!«

Sonntags gingen wir auf den Pincio

Es war Sonntag. Die Episode von der Piazza Montanara mußte in aller Eile abgeschlossen werden – die Messe konnte nicht warten.

Der Feiertag hatte seinen unabänderlichen Ablauf. Cavaliere Arcangelo wußte, wie sehr seine Frau darauf hielt. Der Sonntag gehörte der Familie, und jedwede Verletzung dieses stillschweigenden Paktes gegenseitigen Respekts hätte Donna Angelinas kalte, beherrschte, aber schreckliche Wut ausgelöst.

Und so stieg die Familie trotz der Markttragödie die Treppe zur Mittagsmesse in Ara Coeli hinauf: Corradino im Matrosenanzug, Mariolina mit den bunten Bändern in den Zöpfen, Donna Angelina den großen Hut mit den langen Reiherfedern auf dem Kopf. Eben dort, auf dieser berühmten Treppe, besprach sich Cavaliere Arcangelo mit Donna Angelina. Gemeinsam befanden sie, daß Corradinos Verfehlung so schwerwiegend gewesen sei, daß deshalb der Spaziergang auf den Pincio ausfallen müsse.

Diese Strafe war hart, denn sonntags nachmittags gab es Marionettentheater auf dem Pincio, und auf dem Belvedere spielte die Kapelle der Karabinieri: Verdi, Bellini, Donizetti und natürlich das Bravourstück: die *Diebische Elster* von Rossini. Auf den

Wegen dieses wunderschönen Parks und auf dem weiten Platz inmitten der hohen Palmen gingen sonntags all die wohlgesitteten römischen Bürger spazieren, um dort die eleganten Kavallerieleutnants zu bewundern, die Kutschen mit den Hofdamen, das Marionettentheater, die Stände mit tausenderlei Spielsachen, »triccheballacche« – handgemachten neapolitanischen Musikinstrumenten – Ratschen, Luftballons, Lupinenkernen und Zuckerwatte. Und nachdem man alle diese Wunderdinge ausführlich genossen hatte, beschloß man den Feiertag mit den klassischen »Pastarelle«, süßen kleinen Kuchen.

Doch an diesem Sonntag hatte Cavaliere Arcangelo einen ganz bestimmten Gedanken im Sinn und besprach ihn mit seiner Frau. Da man nicht auf den Pincio ging, war es besser, den Nachmittag anders zu nutzen. Cavaliere Arcangelo hatte in eben diesen Tagen in Ostia ein Grundstück am Meer erworben, genau da, wo sich heute der große Platz befindet. Jedesmal, wenn der Cavaliere ein Areal kaufte, mit dem er bestimmte Pläne hatte, zeigte er es seiner Frau.

So machten sie an diesem Strafsonntag zusammen mit Mariuccia und Corradino per Kutsche einen Ausflug nach Ostia, um die Neuerwerbung zu begutachten.

Rom war zu jener Zeit noch nicht über die Tore hinausgewachsen. Hinter den alten Mauern erstreckte sich die schöne grüne Campagna mit den hohen südlichen Pinien, den Landvillen und den vielen Wirtshäusern, wo man den Wein der Castelli Romani trinken konnte, den klassischen römischen *fojetta*, und wo man so köstliche, simple Dinge aß wie junge Saubohnen, Schafskäse oder Spanferkel. An jenem Tag, der so stürmisch war, daß Angelina es mit der Angst bekam, erreichten sie endlich Ostia.

Angelina rückte sich den Hut zurecht, der aufs Meer hinauszufliegen drohte, klemmte sich den Rock zwischen die Beine, drängte Arcangelo, die Kinder in Sicherheit zu bringen, und gab das Urteil ab, daß nicht einmal ein Verrückter sich je an diesen öden, unwirtlichen Ort begeben würde, um sich eine Bronchitis zu holen. Auf der Stelle überzeugte sie Arcangelo, daß er das Grundstück wieder verkaufen müsse.

Viele Jahre später brachte Onkel Corrado Großmutter sonntags häufig auf diesen großen, mit Autos überfüllten und von Wolkenkratzern überragten Platz und zog sie auf mit ihrer völlig falschen Voraussage. Und Großmutter, starrköpfig wie immer, verteidigte sich...

»Na und... mir gefällt's hier trotzdem nicht...«

Und sie hatte Recht damit. Sie kannte jene schöne azurblaue Küste, die so ganz anders ist als das windige, tosende Meer von Ostia, das die alten Römer, die ihre Plätze sehr wohl auszuwählen wußten, lediglich als Hafen benutzten.

Die Arbeitsbienen und ihre schöne Königin mit den tausend Perlen

Hygienisch und wohlorganisiert, nein, das nicht, aber schön war Rom mit Gewißheit. Obzwar feucht, von *sorci* und *bacarozzi* heimgesucht, will sagen von Mäusen und Käfern.

Zu jener Zeit waren zwei Soldi eine nette Summe. Diese zwei Münzen, die meine Großmutter meiner Mamma gab, waren aus Kupfer und zeigten auf der einen Seite den König, den man aufgrund seiner kleinen Statur »Pippetto«, »Straccaletto« oder »Sciaboletta« nannte (was auf typisch italienische, sexfixierte Weise bedeutet, daß er nicht ganz »ausreichend« war). Auf der anderen, was mir jahrelang eine ganz ordinäre Schmeißfliege zu sein schien, eine von denen, die im Sommer über den Pferdeäpfeln schwärmen und die immer gefährliche Krankheiten übertragen. Dabei handelte es sich lediglich um eine Arbeitsbiene, dem anständigen, rechtschaffenen Bürger von der derzeitigen Monarchie als Modell vor Augen geführt: Wie die emsige, bescheidene Arbeitsbiene sollte er mit demütiger und fleißiger Arbeit dazu beitragen, den notwendigen Reichtum zu schaffen, um seinen König zu ernähren, nach dem Vorbild des *Gelée royale* für die Bienenkönigin. Wahrlich keine schlechte Idee!

Aber damals erschien das völlig richtig so, die Sache hatte ihre Ordnung, der König und die Königin waren gerecht und gut. Vor allem die Königinmutter, die schöne Margherita mit den tausend Perlenketten. Margherita hatte so kurze Beine und einen so langen Oberkörper, daß sie im Sitzen wie eine sehr schöne, sehr große Frau wirkte, während sie im Stehen die gleichen bedenklichen Proportionen hatte wie ihr Sohn »Sciaboletta«. So sagte man von ihr: *bella e di busto fiorito* – »schön und mit üppigem Busen«. Der wilde Carducci, der »Löwe der Versilia«, bärtiger, leidenschaftlicher Poet, widmete ihr eine Ode:

> *Onde venisti? Quali a noi secoli*
> *si mite e bella ti tramandarano?*
> *fra i canti de' sacri poeti*
> *dove un giorno, o regina, ti vidi?*

> (Woher kamst du? Welches Jahrhundert
> hat dich uns so sanft und schön überliefert?
> In Gesängen geweihter Poeten
> in denen ich dich, o Königin, einst schon
> erkannte?)

Man sagte von ihr, sie begebe sich immer als allererste zu den Festlichkeiten, setze sich hoch und stolz auf den Thron und stiege erst herab, wenn alle gegangen waren. Dann glitt sie heimlich herab auf ihre kurzen Zwergenbeinchen, die den Eindruck machten, daß sie auf Knien ginge. Verwitwet, schön und ein wenig ungebildet, gefiel sie den gekrönten Häuptern, die ihr den Hof machten, den Dichtern und sogar dem Volk. Als Frau des Monza von einem Anarchisten ermordeten Königs hätte sie einige Voreingenommenheit gegen die Volksmassen haben können, inmitten derer sich immerhin die Pistole eines Bresci oder das Messer eines Passanante verbergen konnte. Doch in ihrer offenen, optimistischen Art erfüllte Margherita die Aufgaben der Königinmutter, bewegte sich ohne Angst und ohne Geleit im offenen Wagen durch die Straßen von Rom, wo sie von der Menge stets umjubelt wurde. Liebenswürdig und strahlend und im Schimmer ihrer Perlen war sie ein Symbol, das gefiel und das sich wunderbar machte – in dieser ihrer marmornen Heimat mit der Sehnsucht nach geflügelten Glorien, nach Lorbeerkränzen, nach aufgeputzten Vätern zu Pferde und nach Helden, die zu Füßen des mächtigen Superweibes Italia starben, mit den Türmen auf dem Haupt und der um die üppigen Brüste und die ausladenden Hüften geschlungenen Nationalfahne...

Die Zeit schreitet schnell

Cavaliere Arcangelo baute Villen und Paläste...
Aus der Wohnung am Campidoglio, wo *L'Altare della Patria*, das Denkmal für Vittorio Emanuele, emporwuchs, zog man in eine große Wohnung in der Via del Tritone. Doch die Geschäfte gingen weiterhin gut, und so beschloß Cavaliere Arcangelo, dem für seine Familie nichts zu teuer war, es sei nun Zeit für eine Villa.

Die Gegend der vornehmen Villen war Via Nomentana. Dort verbarg sich die Aristokratie in großen Parks, ritt entlang der großen alten, baumgesäumten Straße außerhalb der Porta Pia zu Pferde und stellte ihre Eleganz zur Schau. Mariolina und Corradino sahen dort Königin Margherita vorüberfahren, Prinzessin Torlonia, Gabriele D'Annunzio, die Offiziere in ihren Paradeuniformen und die ganze bessere Gesellschaft.

Die schöne Jugendstilvilla der Familie Santamaria stand in der Via Pola.

Angelina machte sich nichts aus dem Gesellschaftsleben. Aufgrund ihrer harten Erziehung war sie eine Frau, die sich ans Haus gebunden fühlte, sie zog die Kinder groß, überwachte strengen Auges die beiden Hausmädchen, arbeitete freiwillig Seite an Seite mit ihnen und sah hinweg über das bißchen an mondänem Leben, das ihr Mann außerhalb des Hauses führte. Arcangelo hatte dies von vornherein gewußt, aber er akzeptierte die Art seiner Frau, denn er liebte und respektierte seinen Engel Angelina, und sie kam für ihn vor allen anderen.

Arcangelo war einer der ersten, der den Brauch einführte, zuerst per Kutsche und dann per Auto Ausflüge aufs Land zu unternehmen. Von der Technik begeistert, hatte er auf der Stelle ein Auto gekauft.

Im Sommer fuhren sie alle miteinander nach Viareggio in die Ferien. Der Cavaliere vergnügte sich damit, seine Familie und die Freunde in seinem Oldsmobile-Kabriolett dorthinzubringen. Zwar mußte er drei oder vier Fahrten hintereinander machen, doch hatte er größten Spaß daran, die staubige Via Aurelia in seinem dröhnenden Automobil hinauf- und hinunterzufahren. Mitten durch die Maremma, wo die Hirten und die Schafe erstaunt die Köpfe wandten, wenn sie das dröhnende Monstrum mit der Geschwindigkeit von dreißig Stundenkilometern in einer Staubwolke herandonnern sahen – ein Wunder, vor dem die Pferde scheuten.

1912
Karneval

Corrado wurde beim Rauchen erwischt und zur Strafe nach Montecassino zu den Jesuiten ins Internat geschickt. Drei Jahre Internat wegen einer einzigen Zigarette. In Bezug auf Bestrafungen war mit Cavaliere Arcangelo und Donna Angelina nicht zu spaßen! Mariuccia ging hingegen zu den »Maestre Pie«. Es war dies eine vornehme Schule für höhere Töchter, und sie lernte dort Sticken, Zeichnen, Klavier spielen und die Kunst, ein Haus zu führen und Gäste zu bewirten.

Rom wuchs, das Unternehmen meines Großvaters wuchs, und das Kriegsgedonner von 1914 war nicht mehr fern.

Unter den vielen Veränderungen jener Jahre war eine der sichtbarsten zweifellos die der Damenmode. Diese Wandlung spiegelte ihrerseits zweifellos die revolutionären Ideen wider, die sich seit einiger Zeit überall einzunisten begannen: in den Fabriken, in den Salons und sogar im Hause Santamaria.

Mariuccia hatte sich lebhafter entwickelt als ihr Bruder. Alles begeisterte sie, alles entfesselte in ihr die Lust am Spiel. Aber mehr als alles andere der fröhliche, faszinierende, alljährlich wiederkehrende Karneval.

Zynisch, gelangweilt, päpstlich und karnevalsverliebt: Rom, wo der Klerus seit Jahrhunderten mit ernsten und überaus strengen Gesetzen regierte, antwortete darauf mit einer hemmungslosen Lust am Karneval. Die Römer sprachen seit eh und je schlecht vom Papst, doch seit es den italienischen König gab, trug ein jeder das Bild von Pius IX. in der Brieftasche. Die Kirche wurde geliebt und gehaßt, und in Fastenzeit und Karneval fanden diese widersprüchlichen Gefühle ihren stärksten Ausdruck.

Zwar hatte Pius IX. eine Menge Leichen im Schrank, doch kannte er sein Volk sehr gut, das ihn über die Maßen liebte. Wie die Anschläge am Pasquino von seiner Heiligkeit sagten, war er ein »Fijo de m. ignota« (Hurensohn). In der Tat hatte er zu Beginn seines Pontifikats, berauscht von der Idee, die weltliche Gewalt auf ganz Italien auszudehnen, beachtlich viel Unheil gestiftet: Er hatte den radikalen Ideen und dem Risorgimento (Kampf für Einheit und Unabhängigkeit) Tür und Tor geöffnet, dann aber dem ersten Widerruf gehorcht, den das Reich Österreich-Ungarn ihm abverlangte. Er hatte sich zurückgezogen, hatte die armen *Carbonari* (politischer Geheimbund, der von der Monarchie bürgerliche Freiheiten erkämpfen wollte) im Stich gelassen, die an ihn als einen liberalen Papst geglaubt hatten.

Pasquino ist eine antike Statue in der Nähe der Piazza Navona, und man heftete ihr Spottzettel gegen die Regierung an. Eine Art anonymer Volkszeitung, frei und ätzend, die dem Papst ohne Blatt vor dem Mund unter anderem eben auch mitteilte, daß die Römer ihn für einen »Gran fijo de 'na madre ignota«

hielten. Dennoch verehrten die Einwohner von Rom Pius IX. auf ihre Art. Das Volk ist wunderlich. Kaiser und Päpste haben gelernt, ihm zu mißtrauen, seit es in alten Zeiten eine Sie war und man es die Plebs nannte. Sie wußten, wie launenhaft und unberechenbar es sein konnte, ganz wie eine undurchschaubare, kapriziöse Frau, die dich zwar liebt, dir aber, während du in ihren Armen schläfst, einen Dolch ins Herz bohren kann. Der Wiener Magier, der maliziöse Doktor Freud, der die Seelenabgründe erforschte, interessierte sich über die Maßen für die Beziehung Volk-Verführer. Eros-Thanatos, Identifikation-Projektion. Denkt man an die Plätze voller Menschen und an den Mann, der zu ihnen spricht, kann man nicht bestreiten, daß die rituellen Schreie zu Ende der rhetorischen Phrasen den Rhythmus der Kopulation haben. Und in den Augen jener Männer auf den Balkonen, in denen der Tyrannen, der charismatischen Anführer, leuchtet stets ein überaus ekstatisches Feuer, das an die sexuelle Erregung erinnert.

Als er zu dieser Menge sprach, hatte er das Gefühl, sie zu besteigen wie eine Stute. Und er fühlte sie zwischen seinen Schenkeln erbeben...

Und so weiter und so weiter. Sei es wie es sei – kaum gehst du irgendwo um die nächste Ecke, läufst du auf der Stelle diesem Gauner Eros in die Arme. Man stelle sich den römischen Karneval zu jenen Zeiten vor! Nach so viel bigotter Unterdrückung war die Stadt in Aufruhr und heillos entfesselt, überließ sich dem Unmaß und der Zügellosigkeit.

Von klein auf erinnerte sich Mariuccia an diese Menge auf dem Corso, an den Schlaraffenland-Baum auf dem Campo dei Fiori, die beiden Kapellen, die auf der Piazza Navona das Lied von *König Pistacchio und Gemma* spielten, während alle miteinander Polka tanzten. Donna Angelina zog die Kinder an der Hand durch die Masken auf dem Corso Umberto. Dieser große Kostümball im Freien, der zwischen Piazza del Popolo und Piazza Venezia eine Woche lang Tag und Nacht andauerte, versetzte Mariuccia in Ekstase. Sie liebte den Geschmack der Konfetti im Mund, die Ziehgirlanden, die von einem zum anderen gingen, die wüst hervorschnellenden Teufelszungen und die *triccheballache* und die vielen großen und kleinen Masken, zu Fuß, per Kutsche, auf den Balkonen... Kaum wurde es Nacht, setzten alle die Kerzen ins Fenster und auf die Balkone, und Rom wurde schön wie im Märchen. Man scherzte mit Stöcken, spritzte mit Wasser auf der Straße und aus den Fenstern heraus, und jeder versuchte jeweils die Kerze der anderen auszulöschen und die eigene im Brand zu halten.

Donna Angelina hatte die Kinder in diesem Gewimmel immer gut unter Kontrolle. Sie blickte oft grimmig, doch im Grunde war der Karneval mit dem Zug der allegorischen Wagen entlang des Corso Umberto auch für sie ein wahres Wunder: Die Krupp-Kanone mit den Mädchen aus Trastevere in preußischer Uniform, die Tiber-Ruderer, die als Senegal-Affen verkleidet Wettläufe in Riesensprüngen machten, die falschen Araber auf den Kamelen, die vom Gut San Rossore kamen und vom König ausgeliehen waren, die als Chinesen verkleideten Künstler der Internationalen Berufsvereinigung und vor allem der berühmte Berberlauf.

Für Mariuccia und Corradino beschränkte das Karnevalskostüm sich auf eine kleine Maske, ein Hütchen aus Silberpapier und, wenn es ganz hoch kam, auf ein von Donna Angelina gefertigtes farbiges Mäntelchen. Mariuccias Traum war ein richtiges Karnevalskostüm. Kaum sah sie eine schön verkleidete Frau, betrachtete sie sie mit begierigen, hingerissenen Augen und konnte sich nicht satt an ihr sehen.

Traf sie eine blaue Fee mit silbernem Spitzhut:
»Die will ich, die will ich!«

Doch wenig später erblickte Mariuccia ein schönes Edelfräulein im Barockkostüm, und die änderte auf der Stelle ihre Meinung:
»Nein! Die, die möchte ich sein.«

Dann sah sie eine Zigeunerin, einen Pierrot, eine Araberin, einen Harlekin, und jedesmal verliebte sie sich neu. Unmögliche Lieben, denn Donna Angelina wiederholte unbeugsam: »Geld für Kostüme ist hinausgeworfenes Geld.« Und wenn Donna Angelina mit ihrem eigensinnigen Gebirglerinnenkopf sich sträubte, war es schwierig, sie umzustimmen.

Eines schönen Tages fand Don Arcangelo Mariuccia auf ihrem Stühlchen sitzend, die Ellenbogen auf den Knien, das Gesichtchen auf die zu Fäusten geballten Hände gestützt und mit einem überaus melancholischen Ausdruck in den großen arabischen Augen. Don Arcangelo, der eine Schwäche für seine Kleine hatte, setzte sich ihr im Halbdunkel des Zimmers gegenüber, ohne das Licht anzumachen. Aus dem Eßzimmer, wo Donna Angelina gemeinsam mit Rosinella arbeitete und Corradino seine Aufgaben machte, kam ein schwacher Schein. Mit einem Strahl von Güte in den blauen Augen hinter der Brille beugte Don Arcangelo sich zu Mariuccia: »So traurige Augen... Was haben wir denn? Warum sind wir so nachdenklich?«

Mariuccia seufzte tief auf.

»Solch ein Riesenseufzer! Warum? Hast du Probleme?«

Mariuccia nickte.

»Was ist denn los, komm, sag's Papa.«

»Das Kostüm.«

»Was für ein Kostüm?«

»Die Lehrerin hat heute gesagt, daß bald Karneval ist, und alle Kinder haben Kostüme, aber Mamma will keine kaufen.«

Und sie zog die Nase hoch, bebendes Anzeichen baldiger Tränen.

Cavaliere Arcangelo sah die Kleine an und näherte sein Gesicht noch weiter dem ihren. Mariuccia war entzückt, es so nah zu sehen, das Gesicht ihres Vaters mit dem schönen blonden, hochgezwirbelten Schnurrbart, der kleinen Nase und den großen blauen Augen hinter den runden Brillengläsern. Augen voller Sterne, Feen, schöner Märchen und guter Sachen. Cavaliere Arcangelo, dem es das Herz zusammenzog vor Zärtlichkeit für die Kleine, die ihn mit großen, weitgeöffneten Augen ansah, flüsterte:

»Mamma hat recht, aber wenn du und ich einen Pakt schließen und du niemandem etwas davon erzählst... wer weiß, ob nicht ein Wunder geschieht. Welches Kostüm würde dir denn gefallen?«

Mariuccias große Augen strahlten auf, und in ihrem Kopf drängten sich die wunderbarsten Bilder.

»Die Fee! Nein, nein! Die Zigeunerin, oder auch... ja, auch das Edelfräulein...!«

Cavaliere Arcangelo lächelte.

»Welche Konfusion! Na... in Ordnung, ich habe schon verstanden. Aber das bleibt ein Geheimnis zwischen dir und mir.«

Er kreuzte Zeige- und Mittelfinger, setzte einen Kuß darauf und zwinkerte Mariuccia zu.

Als von der Taufpatin zwei schöne bunte Geschenkpakete für Mariuccia und Corradino eintrafen und ein prächtiges Feenkostüm für Mariuccia und ein Räuberkostüm à la Gasperone für Corradino zum Vorschein kamen, waren die beiden Kinder außer sich vor Begeisterung. Sie kreischten vor Erregung, und Donna Angelina schüttelte den Kopf...

»O Madonna von Pompeji, warum hat Donna Felicetta sich nur so in Unkosten gestürzt, sie müssen furchtbar viel Geld gekostet haben! Und dann werden sie nicht einmal von Dauer sein... Kinder wachsen so schnell.«

Mit fröhlicher Kennermiene beschwichtigte Arcangelo sie auf der Stelle: »Aber wieso denn, Angeli? Das ist gute Qualität... Da ist mengenweise Stoff in den Säumen... man kann sie weiter machen, man kann sie länger machen... du wirst sehen, die bleiben ihnen, bis sie zwölf, dreizehn sind...« Dann nahm er Mariuccia in die Arme, zwinkerte ihr komplizenhaft zu und fragte flüsternd:

»Gefällt es dir?«

Mariuccia nickte strahlend, schlang dem Vater die Arme um den Hals und drückte ihm einen schmatzenden Kuß neben die Bartspitze.

Cavaliere Arcangelo hatte recht, Mariuccia wurde dreizehn, und das Feenkostüm paßte immer noch. Verlängert mit einem großen Chiffonvolant und an den Seiten erweitert mit Silberstreifen, trug sie es an jenem denkwürdigen Abend, an dem ein weiterer ihrer Träume in Erfüllung ging: der Kostümball im Costanzi.

Der Maskenball

Das Teatro Costanzi, heute die Oper von Rom, war berühmt für seinen Maskenball. Daran teilzunehmen war ein soziales Privileg, eine Art Beweis der Zugehörigkeit zur guten Gesellschaft der Kapitale.

Zurückhaltend, wie sie war, hätte Donna Angelina gerne darauf verzichtet, aber Mariuccia und Corradino, die den Vater zu nehmen wußten, hatten soviel heimliche Wühlarbeit geleistet, dies getan und das gesagt, daß Cavaliere Arcangelo eines schönen Tages mit der Eintrittskarte für eine Loge nach Hause kam.

»Karnevalsdienstag gehen wir zum Maskenball im Costanzi!«

Freudensprünge, Küsse, große Begeisterung und sogleich emsige Geschäftigkeit: Nähen, Verlängern, Ausbessern. Die Hausschneiderin kam und machte sich zusammen mit Donna Angelina und Rosinella mit Eifer an die Arbeit. Mariuccia war immer dabei und half. Trotz ihrer Jugend zeigte sie Talent und Phantasie. Und während dieser hektischen Arbeitsstunden redete man unablässig vom Karneval. Die Schneiderin kam aus Trastevere und erzählte, welch eine Hölle es war für ein Mädchen, allein durch die Straßen zu gehen. Die jungen Burschen waren auf Hochtouren und nicht zimperlich in ihren Scherzen.

»Ich schwör es Ihnen, Signora... sie haben recht, die feinen Familien, wenn sie ihre Töchter zu Hause einschließen...«

In der Tat wurden die Töchter der guten Familien vorsichtshalber zu Hause unter Verschluß gehalten und gingen nur mit wehrhafter Eskorte aus, die aus Vätern, Brüdern, Onkeln und Vettern bestand, gar nicht zu reden von Großmüttern, Müttern und Tanten – alle in voller Kriegsbereitschaft. Die Männer, die zudem selbst ein schlechtes Gewissen hatten, weil sie ebenfalls Dreckskerle waren, machte diese Beschützterrolle nur um so argwöhnischer und aggressiver.

Donna Angelina nähte und machte ein grimmiges Gesicht. »Himmel... Hmmm! Ist doch viel besser, diesen Karnevalsirrsinn aus dem Fenster heraus, aus sicherer Entfernung zu genießen. Eine anständige Frau bleibt zu Hause, wer hinausgeht, ist selber schuld...«

»Oh, wenn Sie wüßten, Signora... diese Strolche... ich mein', die jungen Burschen. Tolle Kerle, kann ich Ihnen sagen! Wissen Sie was? Die belagern die Brücken über den Tiber. Eine Gruppe auf der einen Seite, eine Gruppe auf der anderen... und ein armes Mädchen... das vielleicht gar nicht anders kann, das notgedrungen über den Fluß muß...! Die umringen sie, umspringen sie wie die Teufel. Schubsen sie hierhin, schubsen sie dorthin, und will sie weglaufen, stürzen sie sich auf sie...«

»Madonna!«

»O ja!... Und dann treiben sie ihre wüsten Späße und haben die Hände überall, und sie kann sich gar nicht so schnell wehren, wie die schon wieder zupakken... Und dann reißen sie ihr das Tuch weg und lösen ihr die Haare und ziehn ihr die Röcke runter...«

An diesem Punkt machte Donna Angelina eine Grimasse, deutete auf die Kleine, und auf der Stelle wurde das frivole Gespräch unterbrochen. Doch hinter dem Rücken der Mutter hörte Mariuccia mit neugierigen, erregten Augen, wie die kleine Schneiderin und Rosinella lachten und sich zuflüsterten. Angst? Keine Spur! Eins war klar: Die Mädchen warteten nur auf dieses gefährliche, erregende Abenteuer... Mariuccia konnte es kaum erwarten, daß der denkwürdige Abend endlich käme.

Aus Neapel kam auch Onkel Anacleto, Angelinas Lehrerbruder, mit seiner zweiten Frau. Und endlich, nach langer und ausführlicher Vorbereitung voller Seufzer, Gelächter, Scherze und Tragödien wurde die ganze Familie, samt nahen Verwandten, in zwei Kutschen geladen und nahm den Weg in Richtung Theater. Schminke, Schönheitspunkte, Schleier, Pailletten, Masken, Konfetti, vor Erregung glänzende Augen – Donna Angelina unterzog die beiden Kinder einer letzten Überprüfung. Cavaliere Arcangelo, mit einem wunderschönen Frack unter dem Domino aus schwarzem Atlas, trug Maske und Brille – ewiges Karnevalsproblem der Kurzsichtigen... Und endlich langten die beiden Wagen, die sich den Weg durch die lärmende Menge bahnen mußten, unter den festlich beleuchteten Bogengängen des Costanzi an.

Das Innere des großen Theaters war ganz und gar mit Veilchen ausgeschmückt. Veilchen auf den Logen, an den Wänden bis hoch zur Decke – die Veilchen bedeckten den ganzen riesigen Saal und ließen lediglich den Bühnenraum frei. Es gab verschiedene Orchester, die sich abwechselten. Überall Kotillons, Champagner und Diners in den Logen. Inmitten dieses Getümmels die maskierten Kostümierten, die Walzer, Polka, Gavotte, Mazurka und Quadrille tanzten.

Mariuccia ging hinunter, um mit Papa zu tanzen. Corradino, der Donna Angelina nicht überreden konnte, mit ihm zu tanzen, blieb in der Loge und gab sich Schießübungen hin, fand auch auf der Stelle Komplizen in den anderen Logen. Er feuerte den Leuten unten bunte Bällchen, Konfetti und Girlanden auf den Kopf. Im großen Zuschauerraum, der zum Ballsaal geworden war, und inmitten all der Menschen vergnügte sich Mariuccia im Feengewand über die Maßen unter ihren vielen Schleiern und mit ihrem silbernen Spitzhut mit dem Stern obenauf, der sich hierhin und dorthin bog. Cavaliere Arcangelo, ein meisterlicher Walzertänzer, ließ sie fliegen wie eine Feder.

Den Teppich beiseite geschlagen, hatte er sie ihr zu Hause im Wohnzimmer beigebracht, die geraden Schritte und die Drehungen. Und auch die Polka und die Mazurka. Eins, zwei und drei, eins, zwei und drei und dann zwei hierhin und zwei dorthin und den Galopp und alles. Mariuccia war eine gelehrige Schülerin, und der Cavaliere war stolz, wie seine Fee sich drehte. Mit den geröteten Wangen, den glänzenden Augen, den Schönheitspunkten und den geschminkten Lippen, schön und strahlend, erschien seine Kleine ihm nun tatsächlich wie ein junge Dame.

Plötzlich kam in einer langen Quadrillenschlange ein Pirat mit goldenem Ohrring und Binde über einem Auge. Er riß Cavaliere Arcangelo die Fee aus den Armen und zog sie in einem Schleierwirbel fort mit sich in rasendem Galopp, mitten durch das Gewühl der lachenden Masken. Mariuccia lachte, erregt und erschreckt, mit verrutschter Maske, außer Atem und mit geröteten Wangen. Welche Erregung! Welcher Schauer! Es dauerte nur einen Augenblick – und sogleich griffen die väterlichen Hände sie wieder, brachten sie in Sicherheit. Cavaliere Arcangelo nahm seinen Schatz fest in den Arm. Nach einem forschenden Blick hoch zur Loge, nur um sich zu vergewissern, daß Donna Angelina auch ja nichts gesehen hatte, knallte er wieder Hacken und Fußspitzen aufs Parkett und ließ seine Mariuccia tanzen und fliegen.

Auf dem Höhepunkt der Nacht gab es ein großes Getrommel, und nun geschah eine Sache, die das Fest zu ruinieren drohte. Tatsächlich war es Tradition, daß man in dieser Karnevalsnacht verrückte Dinge anstellte. Orgie und Skandal – wo bliebe sonst der Karneval? So setzten sich in einem gewissen Moment die Mädchen vom Theaterballett ungezwungen auf die Logenvorsprünge und zeigten ihre nackten Hintern. Himmel öffne dich! Cavaliere Arcangelo blickte hoch zum Gesicht seiner Frau. Donna Angelina war außer sich vor Entrüstung. Arcangelo und Mariuccia kehrten eilig in die Loge zurück. Die Angelegenheit wurde als Gipfel der Schamlosigkeit erachtet.

»Arcà, bring uns nach Hause!«

»Nun komm, komm, Angelì... Es ist Karneval...«
Auch Anacleto mit seiner jungen Frau an der Seite versuchte, sie mit einem Lächeln und einer Geste zu beruhigen, als wolle er sagen: Das ist doch nicht so wichtig.

Aber Donna Angelina war außer sich.

»Die Kinder...«

Anacleto, der riesengroß war, eine einmeterneunzig lange Bohnenstange, mager und überaus ernst, von oben bis unten durchdrungen von redlicher Kultur und Würde, packte an diesem Punkt seine Schwester am Kinn und sagte mit liebvoll ironischem Lächeln: »Angelì, transeat. Einmal im Jahr muß man über die Stränge schlagen... Arcangelo hat recht... Es ist Karneval...«

»Nein, das sind Sachen für leichte Mädchen!« zischte Donna Angelina. Indessen entkorkten die anderen den Champagner, und am Ende blieben alle sitzen.

Leichte Mädchen! Ich glaube, daß meine Großmutter in ihrem ganzen Leben kein unanständigeres Wort in den Mund genommen hat. Mit Gewißheit hätte sie niemals das Wort »Dirne« ausgesprochen, für sie ein Schimpfwort, das einem Fluch gleichkam. Ich vermute, daß sie nicht einmal genau wußte, was Freudenhäuser waren, und mit Gewißheit kannte sie die Bedeutung des Wortes »homosexuell« nicht. Sie hatte eine überaus reine Sprache, eine Scheu und eine Anmut, die für mich Zeichen und zarter Duft des neunzehnten Jahrhunderts waren. Deftige Worte galten als Fluch. Zutiefst religiös und der Madonna von Pompeji andächtig ergeben, hatte sie seit den Zeiten von Gabrielluccio Trost bei der Gottesmutter gefunden. Der schlimmste Fluch, den ich je von meiner Großmutter gehört habe, war:

»Verflixt und zum Teufel noch mal!«

Zur Erleichterung von Donna Angelina brachte der Wagen die Familie nach dieser ausschweifenden Nacht über das Kopfsteinpflaster der Via Nazionale endlich nach Hause. Besänftigt schlummerte sie mit sanft schaukelndem Kopf vor sich hin, während Corradino gähnend seine Heldentaten als Anführer der Artillerie zu Ende erzählte.

»Peng, peng, peng... Und dann habe ich voll auf die Glatze von einem superfetten Mephisto getroffen und das Champagnerglas von der Carmen mit der Blume über dem Ohr und das Eis von dem Chinesen, als er es gerade in den Mund stecken wollte...«

»Und dann?«

»Und dann hat Mamma mir eine Backpfeife gegeben. Aber eine solche Ohrfeige, daß mir die Schleuder weggeflogen ist...«

»Da hatte sie recht...«

Der Cavaliere lächelte.

»Andernfalls wären wir jetzt schon auf der Polizeistation...«

Mariuccia betrachtete mit verzückten, weitaufgerissenen Augen die Straße, auf der die von Pferden gezogene Straßenbahn voller übernächtiger Betrunkener vorbeifuhr, die unter dem Klang verstimmter Tröten die letzte Karnevalsnacht in die Länge zogen. Die Via Nazionale war bedeckt von Konfetti und Ziehgirlanden. Immer noch waren Masken und Dominos unterwegs. Die späte Nacht ging allmählich über in die melancholische Leere der Morgendämmerung.

Müdigkeit und Traum. Mariuccia blickte neugierig, und Cavaliere Arcangelo beobachtete sie. Nachdem er noch einmal eine Teufelszunge ausgeblasen hatte, war Corradino im Geschaukel der Kutsche an der Schulter seiner Mutter eingeschlafen.

»Na?... Hat es dir gefallen?«

Cavaliere Arcangelo beugte sich über seine Kleine. Mariuccia betrachtete diesen sympathischen Kavalier, der glücklicherweise ihr Vater war. Das Lächeln dieser tiefblauen, kurzsichtigen und zärtlichen Augen, die elegant-witzig hochgezwirbelten Bartspitzen, den im Licht schimmernden, über die Stirn herabgezogenen Zylinder des Bar-Habitués. Die beiden verstanden sich ohne Worte. Sie nickte, während sich in ihren Augen der Widerschein der Gaslaternen spiegelte, fröhlich wie die Funken eines gerade aufflackernden Kamins.

»Aber meine kleine Mariuccia hätte sich fast von einem Piraten entführen lassen.«

Der Cavaliere zwinkerte seiner Tochter zu. Und sie lachte vergnügt und spitzbübisch zurück. Sie sprachen ganz leise, unter Komplizen, um Donna Angelina und Corradino nicht aufzuwecken. Dies war nunmehr ein Geheimnis zwischen ihnen beiden.

»Der hat mich einfach mitgenommen...«

»Ja, ja, ich hab' dich gesehen, du kleine Göre... schließen wir einen Pakt, ich sag Mamma nichts, aber du mußt mir versprechen, wenn dir mal wieder ein Pirat begegnet – der sich vielleicht gar nicht als

Pirat verkleidet hat – und er dich mitnehmen will... dann rufst du Papa – versprichst du mir das?«

Mariuccia nickte. Sie lächelten sich zu mit der Liebe für das Leben und das Spiel, die das schönste Geschenk ist, das ich von dieser Seite meiner Familie bekommen habe. Und obwohl Mariuccia schon im Begriff war, groß und schön zu werden, nahm Cavaliere Arcangelo sie in die Arme, wie er es getan hatte, als sie noch ganz klein gewesen war, umhüllte sie mit seinem Abendmantel und wiegte sie. Und wie wohl sie sich fühlte, umschlungen und geschützt von diesen liebevollen, nach Tabak duftenden Armen und dieser freundschaftlichen Wärme. Sie überließ sich dieser Sicherheit: ja. Papa würde ihr auf all den schönen Maskenbällen ihres Lebens immer nahe sein.

Jugend

An jenem Abend verspürte Mariuccia zum erstenmal das Gefühl, erwachsen zu werden. Die Welt der Großen mit ihren unergründlichen Abenteuern und Geheimnissen brachte sie zum Träumen. Ihr kam wieder jener Pirat in den Sinn, und schüchtern kämmte sie sich vor dem Spiegel die Haare hoch, versuchte die Frisuren jener Damen zu imitieren, die sie auf dem Maskenball gesehen hatte. Sie kniff sich in die Wangen und entdeckte zusammen mit einer Freundin, daß der rote Strich aus den Schulheften, gut abgeleckt und auf den Lippen abgestreift, als Rouge dienen konnte.

Wenig später begann sie alleine zur Schule zu gehen. Und es geschah zum erstenmal, daß ein junger Mann ihr in der Straßenbahn ein Kompliment machte. Natürlich war es eine von Pferden gezogene Straßenbahn.

»Signorina... wissen Sie, daß Sie Francesca Bertini ähnlich sehen?«

Dann kamen die wahren Verehrer. Der hartnäckigste war der Sohn eines anderen Bauunternehmers. Er hieß Salvino. Begleitete sie morgens zur Schule und brachte sie am Nachmittag auf dem Rückweg nach Hause. Mariuccia dachte nicht einmal im Traum daran, sich auf die Fahrradstange zu setzen. Das wäre unschicklich gewesen. So gingen sie auf der Via Trionfale lediglich nebeneinander her – er mit dem Fahrrad an der Seite.

Eines Tages wurde Mariuccia von der Oberin gerufen. »Santamaria, man hat mir von jemandem erzählt, der dich ein wenig zu häufig zur Schule begleitet. Das ist nicht unbemerkt geblieben. Diese Ausdauer ist ins Auge gefallen. Du bist ein anständiges Mädchen, und dieser Junge kommt aus guter Familie, deshalb kann ich das begreifen. Ich möchte aber nicht, daß der Ruf der Schule... nun ja, weißt du, in einer Mädchenschule, die auf sich hält, machen sich junge Männer am Eingang einfach nicht gut. Weißt du, wegen der Leute... statt am Haupteingang... könnte er doch am Hintereingang auf dich warten... Das erscheint mir besser für die Schule und für dich...«

Mariuccia fand dieses Gespräch überaus unangenehm. Der Gedanke, etwas so Unschuldiges verbergen zu müssen, als wäre es etwas Schlimmes, irritierte sie. Sie faßte einen tiefen Groll gegen die Heuchelei der Maestre Pie. Groll, der sich auch auf den armen Salvino erstreckte, dem sie es nicht mehr erlaubte, sie zu begleiten.

»Aber warum?«

»Darum.«

»Und wenn ich trotzdem komme?«

»Ich spreche nicht mehr mit dir. Geh hin, wo der Pfeffer wächst...«

Typisch für den Charakter meiner Mutter... Ererbt vom merkwürdig reservierten Charakter meiner Großmutter?

»Geh hin, wo der Pfeffer wächst!«
Freundlichere Formulierung für ein »Geh zum Teufel«, das man heutzutage gern durch das ungleich grobere »Leck mich doch am...« ersetzt.

In den zitronenduftenden Spitzenkissen

Wir haben meinen Vater Federico Wertmüller zurückgelassen, der, am 27. August 1899 geboren, in seinen zitronenduftenden Spitzenkissen vor sich hinwimmerte. Seine Kindheit in San Gervasio könnte einen wunderbaren roten Faden für einen in der süditalienischen Provinz angesiedelten Gesellschaftsroman abgeben.

Apulien und die Basilikata sind herbe, wunderschöne und uralte Landschaften. Palazzo San Gervasio befindet sich genau auf der Grenze zwischen den beiden Regionen auf der Hochebene der Murge. Von den Bastionen des Gefängnisses, der ehemaligen freiherrlichen Festung, überblickt man das gesamte Tafelland Apuliens: die alte Kornkammer des Königreiches Beider Sizilien.

Ein hartes Land, voller Berge um weite Ebenen. Kleine, dunkle Männer, stark wie Olivenbaumwurzeln, Frauen mit griechischen Gesichtern und Sarazenenaugen. Die Legenden sind geheimnisvoll, die Gerichte würzig, das Öl ist grün und intensiv. Die Häuser sind weiß gekalkt oder aus grauem Naturstein, der Wein ist schwer und schmeckt nach Most.

Mein Vater wuchs mit drei Brüdern auf, rannte durch die Straßen über das hallende Pflaster, bis

Großvater Enrico ihn am Ohr nahm, wie es damals Usus war, und ins Gymnasium von Altamura steckte. Von diesem Augenblick an – er war damals kaum älter als zwölf – begann mein Vater, wie alle »jungen Herren« seine Wanderungen zu den Schulen. Das war ein großes Problem der süditalienischen Regionen. Vor allem für die Bauernkinder, die, um auch nur lesen und schreiben zu lernen, Tag für Tag kilometerweit zu Fuß gehen mußten. Abgesehen von denen, die bei den Priestern landeten, gaben die meisten die Schule bald wieder auf. Lernen war ein Luxus, den sich häufig nicht einmal gutbürgerliche Familien leisten konnten. Um sich eine höhere Bildung zu erwerben, mußte ein Junge von zu Hause fortgehen, und das hieß Ausgaben und die Gefahren der Stadt in Kauf nehmen.

Enrico Wertmüller, Vater von vier Söhnen, deren Ältester Federico war, hing sehr an seiner Frau Felicetta, einer Frau mit leidenschaftlichen grünen Augen und strengem Gesicht. Ja, Großmutter Felicetta war streng, und es gelang ihr, mit eiserner Hand eine Familie von fünf Männern unter Kontrolle zu halten. Zum Glück ist der Süden ein matriarchalisches Land, andernfalls wäre das Leben der armen Großmutter Felicetta bei dem übersteigerten Männlichkeitsgefühl und dem Narzißmus der Apulier die Hölle für sie gewesen. Sie ließ sich niemals das Zepter aus der Hand nehmen, und auch Großvater Enrico, so erzählt man sich in der Familie, ging in Reih und Glied.

Ehren und Lorbeeren der adeligen Herkunft hatte man nun hinter sich gelassen, hatte sich dem denkbar ruhigsten gutbürgerlichen Leben angepaßt, und Enrico, der Erstgeborene, war promovierter Apotheker geworden.

Ansehnlich präsentierte sich die Apotheke Wertmüller auf dem Corso von Palazzo San Gervasio.

Leider ging Großmutter Felicetta früh, doch erst nachdem sie – so sagt meine Mutter – die Gaben einer Pythia offenbart hatte. Mamma erzählte mir immer, daß sie mich, kaum geboren, nach Palazzo San Gervasio brachte, um mich der Familie zu zeigen. Großmutter Felicetta lebte noch. Sie nahm mich in die Arme, hob mich hoch, betrachtete mich lange, dann sah sie Papa an, zwinkerte ihm zu und sagte:

»Die ist was Besonderes.«

Ein Satz, dem man in der Familie stets eine große Vorbedeutung beimaß. Angesichts von Großmutter Felicettas vorsichtiger Verschlossenheit und ihrer peinlichen Zurückhaltung muß dies eine ganz außerordentliche Äußerung gewesen sein. Aufgrund dieser großen Reserviertheit weiß man wenig über das Familienleben im Hause Wertmüller. Dennoch erhaschten meine neugierigen Ohren Hinweise auf eine jener heimlichen Geschichten, die in jeder Familie als Schande gelten und die dich doch endlich zum Träumen bringen. Denn es scheint, als ob...

Sünden und – Schmachtlocken

Großmutter Felicetta hatte eine Schwester. Eine dunkelhaarige Schwester mit schwarzen Augen, schneeweißer Haut und einem ungleich weniger harten Charakter. Sie war ein überaus romantisches Kind, liebte die Musik, spielte Gitarre und hatte eine Schwäche für Poesie und für Schmetterlinge. Auf ihrem jungfräulichen Bett hatten gestickte Vögel ihre Nester gebaut, wanden Girlanden zu Liebesknoten. Es war eine sehr weibliche Welt, mit Schmachtlocken und Schönheitspünktchen. Reispuder, um die Haut weiß zu schminken, und roten Röschen, deren Duft die Härten des Lebens versüßen sollte. Wie es häufig geschah in jenem turkmenischen Süden, wo die armen Mädchen selten das Haus verließen, war meine Großtante, die Giuseppa hieß und Peppinella genannt wurde, im häuslichen Gefängnis eingesperrt geblieben, im verborgenen blühende Blume in jenem Garten, »in den niemand jemals eindrang«.

Ihre Schwester Felicetta, meine Großmutter, war unter die Haube gekommen, und sie: die Sanftere, die Weißhäutigere, die Weiblichere war noch immer da und spielte Liebeslieder auf ihrer Gitarre.

Der einzige Mann, der je einen verstohlenen Blick in dieses verborgene Reich hatte werfen dürfen, war nun ausgerechnet mein Großvater Enrico, der als Mann von Felicetta Zugang zu den intimen Familiengeheimnissen hatte. Wie dem auch sei – während er mit seiner Frau Felicetta nacheinander vier legitime Söhne bekam, ließen Enrico Wertmüller mit seinem Gesicht eines deutschen Ehrenmannes, dem Stift eines Grosz würdig, sanguinische Bulldogge und mediterraner Macho, die Gitarrenklänge jedenfalls nicht kalt. Wann er eben konnte, warf er dieser weißen, weichen, verträumten, parfümierten Odaliske neugierige Blicke zu. Und genau hier, an der Grenze zum Verbotenen, muß der liederliche Anteil Wertmüllerblut in Wallung geraten sein, beim Gedanken an dieses appetitliche süße Täubchen, so hingebungsvoll hinter der eifersüchtigen Fensterbarriere, so rein und leidenschaftlich, einladend wie ein Cremetörtchen. Auch sie, arme Peppinella, umgeben von Liebesromanen, Gedichten und Liedern in dieser Art Harem ohne Sultan, in dem sie lebte, müssen die tiefen, aufwühlenden Blicke, die dieses Mannsbild ihr durch die Tür oder zwischen dem ersten und zweiten Gang eines Ostermahls oder bei einem der seltenen Familienbesuche zuwarf, nicht gleichgültig gelassen haben.

Wie mag es passiert sein? Hinter welchem Winkel im Flur, an einem jener Frühlingsabende, an denen der Duft der Orangenblüten die heimlichen Wünsche der Männer und Frauen entfacht, mag Enrico, Leere im Magen, eingeschlossen in seine würdevolle Weste samt goldener Uhrkette, Pepinellas unschuldiger, samtener Halslinie nicht mehr widerstanden, sie gegen die Wand gedrückt und geflüstert haben:

»Was für eine seidige Haut... Du machst einen armen Mann ja ganz verrückt...«

Und ich bin überzeugt, daß Pepinella, feuerrot, vor Erregung der Ohnmacht nahe, ganz wie ein anständiges Mädchen reagierte: »Was redest du da?... Bist du tatsächlich verrückt geworden?«

»Ach...«

Nichts weiter. Bebend wird sie geflüchtet sein, während nebenan in der guten Stube die Stimme Felicettas zu hören war, die mit ihrer Mutter sprach. Während Peppina das Herz hoch bis zum Hals klopfte, spürte sie noch seinen starken Körper, seinen Geruch, seine Wärme, den kehligen Klang seiner Stimme, die das Verlangen noch tiefer klingen ließ, seine glühenden Augen, die von Sünde und Verdammnis sprachen. Hochrot, atemlos, wie im Fieber wird sie geflüchtet sein, sich ins Bad eingeschlossen haben, während ihr Körper heiß, bis auf den intimsten Punkt hin erregt war, und auch ihm muß das Blut bis an die Ohren gestiegen sein. Zwischen Furcht und Verlangen schlug ihr Herz wie wahnsinnig. Und ich bin sicher, daß auch ihm, der immer noch mit der Hand in der Tasche leise keuchend in jenem Winkel stand, ein wenig schwindelig war. Und er wird sich eine Zigarette angezündet haben, um Haltung zu bewahren, bevor er ins Wohnzimmer zurückging, wo ihn Felicetta und die Schwiegereltern erwarteten.

Der Süden, der Frühling, der Duft der Orangenblüten und vor allem die schreckliche, aber unwiderstehliche Sünde müssen ein starkes Aphrodisiakum gewesen sein.

Ich stelle mir vor, daß, wenn die Männer des Ortes

vor dem Abendessen über den Corso flanierten und unter dem Flug der Schwalben, die niedrig über die Häuser segelten, miteinander palaverten, Enrico vor seiner Apotheke stand, die goldene Kette über der Weste und den Zigarillo im Mund, in wer weiß welche politische Diskussion mit dem Arzt oder mit dem Anwalt vertieft, sich mitten in einem streitbaren Satz unterbrach, weil ein sinnlicher Gitarrenakkord an sein Ohr drang. Wie wird er seinen Freunden gegenüber diese Zerstreutheit gerechtfertigt haben, daß er sich mitten im Satz unterbrach und sinnend in den Himmel blickte? Und auch Signorina Peppina, die sich vor ihrem Spiegel und dem Toilettentischchen voller Schminkzeug und farbigen Quasten in die großen, verträumten schwarzen Augen blickte, wird vor Scham unter der zarten weißen Haut errötet sein über diese Geschichte, die so schlimm war, so entsetzlich, so skandalös, daß sie es nicht einmal gewagt hätte, sie Don Filippuccio bei der Beichte ins Ohr zu flüstern.

Unterdrückt, in jeder Weise niedergehalten und zurückgedrängt, wucherte diese Liebe wie Unkraut ins Unendliche. Es kann nicht so einfach gewesen sein, das wachsende Bedürfnis zu verbergen, sich zu sehen, zu spüren, zu hören. Und in den Sommernächten die Spaziergänge auf dem Corso unter ihren Fenstern, wenn er den Freunden gegenüber tat, als wäre nichts... Oder auch die Bitte an sie, ihm die Initialen aufs Taschentuch zu sticken oder ihm irgendeinen besonderen Leckerbissen zuzubereiten. Welche anderen Entschuldigungen können die beiden potentiellen Ehebrecher gefunden haben, um sich ihrer Sünde zu nähern? Doch läßt im Süden eine solche

Geschichte, eine so unzulässige, verbotene Liebe das Leben aufblühen. Ich bin überzeugt, daß die Erregung eines heimlichen Blicks, die heimliche Berührung der Hände in der Kirche, ein nächtlicher Gesang oder die im Balkonkasten ohne Karte aufgefundene Rose dem armen Fräulein Peppina und dem Apotheker Enrico Jahre heimlicher Glut schnell verstreichen ließ.

Und dann, wer weiß wann und wo, vielleicht an einem regnerischen Wintertag auf der Wiese hinter dem Friedhof oder in einer versteckten, in Küchengerüche getränkten Hausecke, haben sie sich den ersten verbotenen Kuß gegeben. Und nach dieser ersten glühenden Berührung war ihre Leidenschaft nicht mehr zu halten, und das Verlangen veranlaßte sie zu verrückter, kopfloser Flucht. Wer weiß, wie sie sich verständigten: gleich wieder zerrissene Zettel, heimliche Begegnungen. Jedenfalls war das Bett von Signorina Peppina eines Morgens leer. Rätsel und Skandal. Zu Anfang muß die Familie versucht haben, die beschämende Tatsache zu verbergen, dann wird nach und nach die Wahrheit durchgesickert sein, ohne daß jedoch irgend jemand die Reise des Apothekers nach Rom mit dem Verschwinden von Signorina Peppina in Verbindung gebracht hätte. Ein auf dem Kopfkissen zurückgelassenes Billett, gedacht, die Spuren zu verwischen, wird auf eine Seelenkrise hingewiesen haben, den Rückzug in ein Kloster oder ähnliches.

In Wahrheit lebte Peppina in einer kleinen Wohnung in Trani. Dort, jenseits des Fensters, erstreckte sich die grünblaue Adria, über die der warme, zärtliche Wind des nahen Orients hinwegstrich. Und hierher kam auch Enrico, der sündige Kalif. Wie viele Seufzer, wieviel Angst mag es Peppina gekostet haben, die Augen zu diesem großen Apothekerschwager zu erheben, der sie in die Schmach gestürzt hatte? Und er, Don Enrico, mit welchem Druck im Magen wird er dieses süße Schäfchen betrachtet haben, daß sich seinem sündigen Verlangen so bebend darbot?

Ich möchte hier ein paar Zeilen aus einem Buch von Buñuel zitieren, die sich auf Spanien, wenige Jahre später, beziehen und die von dem Eros der damaligen Zeit sprechen:

»Die Männer meiner Generation, und vor allem die Spanier, litten unter einer ererbten Scheu den Frauen gegenüber und unter einem sexuellen Verlangen, das, wie ich bereits sagte, vielleicht das stärkste der Welt war. Dieses Verlangen ging selbstverständlich auf Jahrhunderte der kastrierenden Unterdrückung durch den Katholizismus zurück. Das absolute Verbot der sexuellen Beziehungen außerhalb der Ehe, das Tabu, mit dem jedes Bild, jedes Wort belegt war, das sich auch nur entfernt auf den Liebesakt bezog, all dies trug dazu bei, eine ganz außerordentlich heftige Begierde zu erzeugen...

Fand dieses Verlangen trotz allem Verbot endlich Befriedigung, bewirkte es einen unbeschreiblich sinnlichen Genuß, weil es untrennbar mit der heimlichen Lust an der Sünde verbunden war. Die Sinnenlust eines Spaniers war zweifellos ungleich größer als die eines Chinesen oder eines Inders...«

Für Apulien zu Beginn des Jahrhunderts muß mehr oder weniger das gleiche gegolten haben, noch dazu mit einer jungfräulichen kleinen Schwägerin... Es bleibt nur, einen neidvollen Schleier über ihre erste Liebesnacht zu bereiten.

Wie eine Orientalin blieb Peppina mit Gitarre, Blumen und Stickereien in der Wohnung eingesperrt. Don Enrico unterhielt sie dort heimlich sein ganzes Leben lang, und viele Jahre lang wußte die Familie nichts mehr von ihr. Sie lebte wie eine Gefangene und wartete. Stickte, sang, kochte und las Liebesromane.

Als Felicetta, meine Großmutter, starb und die Brüder, zu Männern geworden, erwachsen und verheiratet, begreifen konnten, enthüllten sie nach und nach die Wahrheit. Don Enrico heiratete schließlich seine Schwägerin-Geliebte, aber sie kehrte nie mehr nach Hause zurück, weil die Rückkehr in den Ort allzu schmachvoll für sie gewesen wäre. Die einzige Entschädigung, die der Ärmsten zuteil wurde, war alle zwei oder drei Jahre das Geschenk, eine kurze Reise mit ihm machen zu dürfen. In ferne Städte, wo niemand sie kannte.

Heute erscheint eine solche Geschichte natürlich schrecklich, und dennoch ist es die Geschichte der großen Liebe meines Großvaters, von der Großmutter Felicetta nie etwas erfuhr. Jahre nach ihrem Tod brachte Don Enrico Tante Peppina zu uns nach Rom. Wahrscheinlich dachte er sich, daß er das nach so vielen Jahren bei einer aufgeschlossenen städtischen Familie wagen könne. Uns Kinder ließ Tante Peppina eher gleichgültig, sie war eine von vielen Tanten, die zu Besuch kamen. Aber ihr Aussehen beeindruckte uns. Die schneeweiße Haut einer Spanierin, hell geschminkt, drei Schönheitspunkte auf der Wange, auf der Stirn eine ganze Reihe tiefschwarzer Schmachtlocken, die aus einer Fülle perfekt gekämmter Haaren hervorgezogen waren: Locken und Zöpfen, die wie eine Barockkathedrale auf ihrem Kopf aufgetürmt waren und in denen wunderschöne Schildpattkämme steckten. Wo sie hinging, ließ sie einen eindringlichen Duft von Zitronen und Hyazinthen zurück. Sie trug altmodische Kleider mit Rüschen und Spitzen, hatte einen üppigen weißen Busen, dessen Ansatz man in dem diskreten Ausschnitt ahnte, und obendrein, als sei so viel Übermaß noch nicht genug, sang sie auch noch. Morgens hörte man ein hohes Sopranstimmchen durch das Haus tönen, das Liebeslieder und Romanzen von Tosti sang. Ich erinnere mich, wie Mamma, die spöttische, geistreiche Römerin, mich ansah und lächelte:

»Hör nur, wie sie wieder singt, die Tante Peppina...«

1917
Die Jungen vom Jahrgang '99

Mein Vater Federico besuchte die Universität in Salerno und wechselte von dort aus am 21. Juni 1917 direkt auf die Offiziersakademie von Pinerolo.

Italien befand sich im Krieg, die Lage drängte. Der Jahrgang '99 wurde unmittelbar nach der Niederlage von Caporetto eingezogen. Federico begriff kaum, wie ihm geschah, da fand er sich nach einem Schnellkurs zwischen Turin und Pinerolo mit achtzehn Jahren, fast noch ein Kind, als frischernannter Leutnant im Schützengraben wieder. Siebtes Feldartillerieregiment, dritte Batterie, unter dem Kommando von Capitano Buffarini Guidi, inmitten von Schlamm, Tod, Granaten, Flöhen, in dem erschütternden Wahnsinn des Ersten Weltkriegs. Schief angesehen wegen seines deutschen Namens, von den Kameraden aus dem Norden verspöttelt wegen seines apulischen Akzents, als echter Mann, würdig dieses Namens, zutiefst überzeugt von der Notwendigkeit, sich mit seinem Heimatland und der Trikolore identifizieren und deshalb mutig sein zu müssen, machte Federico das, was man damals nannte: »seine Pflicht tun«.

»Seine Pflicht tun« bedeutete, im Dunkeln auf einen anderen Unglückseligen zu schießen, dem es genauso dreckig ging wie einem selber und der ebenso unschuldig war wie man selber, der genauso große Angst hatte. Der totale Irrsinn. Aber...

Addio mia bella, addio
che l'armata se ne va!
E se non partissi anch'io
sarebbe una viltà!...

(Ade, mein Liebchen, ade
das Heer zieht aus zur Schlacht
und feige wäre es
ging nicht auch ich!...)

sangen die armen kleinen Soldaten, die an die Front zogen. Fünfhunderttausend Tote. Verglichen mit den Statistiken über die Toten, die im Verlauf der darauffolgenden fünfzig Jahre Politik und Krieg zum Opfer fielen, erscheint das eine Bagatelle. Fünfhunderttausend in drei Jahren. Ein äußerst niedriger Durchschnitt. Himmler hätte dies eine kärgliche Zahl genannt, einem Industrieland in keiner Weise angemessen. Stalin, dem inzwischen offiziell vierzig Millionen Opfer zugeschrieben werden, hätte sich angesichts dessen mit selbstgefälligem Lächeln den Schnurrbart gezwirbelt. Wenig mehr als hundertfünfzigtausend Tote pro Jahr. Heutzutage sterben ungleich mehr allein bei Autounfällen.

Damals hingegen galt es als ehrenvoll und erhebend, für das Vaterland zu sterben. Den Helden wurden Denkmäler errichtet, man besang sie und verherrlichte sie in Gedichten. Die Zeitungen berichteten von Feiern, bei denen die trauernden Mütter mit

Umarmungen und Orden geehrt wurden. Das arme Volk schluckte den Köder – wenn auch mit einiger Skepsis – und beugte sich, akzeptierte den Gedanken, es sei glorreich, für das Vaterland zu sterben, unehrenhaft und schmachvoll hingegen, Zweifel zu äußern, ob wirklich ein Sinn darin liege, sich für dieses Ideal umbringen zu lassen.

Geschichte ist wahrhaftig amüsant. Welch eine Wirrnis in den Hirnen! Welch eine Wirrnis!

»Und feige wär es, ginge nicht auch ich!...«

Und fünfzig Jahre später!

»Und feige wäre es, ginge auch ich!...«

»Make love, not war«, und dann, zehn Jahre später, waren Gewalt und P-38 die irrsinnige Fortentwicklung jenes vom Pazifismus in Gang gesetzten Dialoges. Und die Vietkong? Sie hatten nur Verteidigungswaffen. Welch schöner Gedanke: Fallen für die Tiger. Wenn der Tiger sich von meiner Hütte fernhält, tue ich ihm nichts. Nur wenn er sich nähert, in mein Land einfällt, meine Freiheit bedroht, schnappt die Falle zu. Also nur Verteidigung und kein Angriff... sagte das weise, schlichte und heroische Vietnam. Und heute sind eben diese Menschen des Imperialismus, des Kolonialismus, der Aggression, der Freiheitsverletzung angeklagt, und dann China, und dann... und dann...

Man könnte jenen Ausruf des achtzehnten Jahrhunderts – »O Gott, welche Schrecken begeht man in deinem Namen« – paraphrasieren und den Namen Gottes durch den von Marx ersetzen oder auch durch Zivilisation oder Gerechtigkeit oder Freiheit... Im Namen welchen Ideals auch immer wurden und werden die allergrößten Grausamkeiten begangen. Deshalb empfiehlt es sich, Religionen und Ideologien aufs äußerste zu mißtrauen. Früher oder später enden sie immer in einem Blutbad.

Die Zeit nach diesem Krieg wurde ein Krieg, der schlimmer war als der Krieg selbst. Ich weiß, das scheint ein Spiel mit Worten, aber es war so. Ein Sieg, der schlimmer war als eine Niederlage. Ganz im Gegensatz zu der reichen, vitalen Zeit nach dem letzten Weltkrieg, war die nach dem Ersten eine ganz abscheuliche Nachkriegszeit. Arbeitslosigkeit, Hunger, Depression, Teuerung, sozialer Aufruhr, vielerorts Erbeben vor der gerade erst geschehenen Russischen Revolution.

Die zehn Tage, die die Welt veränderten. Die Arbeiter der Ansaldo in Genua besetzten die Fabrik, und die Arbeiter von Fiat zwangen Agnelli, das Bild Lenins zu küssen.

Eine Tatsache, die vielleicht in Vergessenheit geraten ist: Italien war damals eines der europäischen Länder, die dem Sozialismus sehr zugewandt waren. Vor dem Krieg war es hin- und hergerissen zwischen den Fronten derer, die sich einmischen wollten, und derer, die dagegen waren. Das ganze Land war aufgewühlt von politischen und sozialen Gegensätzen. Vielleicht gerade deshalb war dies der ideale Humus, auf dem der Kult des von der Fügung gesandten Mannes gedeihen konnte. Gramsci, der kleine, häßliche intellektuelle Sozialist, begann ernsthaft darüber nachzudenken, als ihm klarwurde, daß dieser kleine stämmige Romagnole mit den feurigen Augen und der faszinierenden Rhetorik allzusehr Fuß zu fassen begann. Er wollte ihm deshalb einen Helden mit größerem Charisma entgegensetzen. Auf den Narzißmus der menschlichen Eitelkeit setzend, rief er D'Annunzio, den »Göttlichen Dichterfürsten«, zu Hilfe. Gabriele, hingegossen auf Leopardenfelle, umgeben von antiken Fackeln, das Monokel vom Kokain vernebelt, in einen Seidenkimono gehüllt, das Rosenaroma der Wasserpfeife inhalierend, wurde um ein Treffen gebeten. Er sollte sich die leidenschaftlichen Worte dieses Turiners mit dem Asketengesicht anhören. Ausgerechnet er, der Held des Quarnaro, der über Wien hinweggeflogen war, »Memento Audere Semper«, Kühnheit über Vierzig, vermessen unter der Kahlköpfigkeit, raffinierter Poet, adeliger Hurenjäger! Er, der Dichterfürst – ich denke, er lächelte bei dem Gedanken, zum Massenidol zu werden. Die Idee war nicht übel und hätte dem ungehobelten kleinen Mussolini mit Gewißheit die Froschaugen übergehen lassen. Der einzige Nachteil war das Engagement für die Massen. Die Geschichten, die von Rußland herüberdrangen, klangen nicht sehr beruhigend. Dieser Piemonteser mit der Brille flößte ihm kein besonderes Vertrauen ein. Er hatte den brennenden Blick der Fanatiker. Ihm gefielen die Helden, nicht die Armen: Der Dichterfürst war megaloman, aber nicht dumm. Um über längere Zeit das härene Proletariergewand zu tragen hatte er zu viele Schulden – und überdies die Absicht, noch viele weitere zu machen. Legendärer Kämpfer, aber immer in Seidenhemd und Maßanzug. Er weigerte sich, Gramsci zu empfangen. Mussolini erfuhr nie, in welchem Maße er seine politische Karriere der Tatsache zu verdanken hatte, daß Klasse eben Klasse ist, vor allem, wenn man sie sich nach vielen Jahren in erlesenster Umgebung und mit Schulden in Millionenhöhe erworben hat. Wäre der Dichterfürst der Idee, den starken Geruch der Masse zu ertragen, auch nur ein klein wenig geöffneter gewesen, wer weiß... Vielleicht hätte die Geschichte ihren Lauf geändert. Doch ist der Gedanke, D'Annunzio hätte der Führer der italienischen Kommunisten werden können, noch vergnüglicher als der eines D'Annunzio als Duce.

In Rom sang Sor Capanna mit schwarzer Brille an den Straßenecken seine gepfefferten Lieder zur Gitarre: »La spagnola ti fa così... in un lampo ti fa morì...« (Die spanische Grippe, sie ist nun mal so... sie tötet dich im Handumdrehn...«)

Die spanische Grippe strich mit ihren schwarzen Todesflügeln über das Land hinweg und raffte massenweise Menschen dahin. Auch einen der Brüder von Federico. So waren die Brüder Wertmüller nun nicht mehr vier, sondern drei.

Federico hatte indessen eine Menge neuer Dinge gesehen und kennengelernt. In der Basilikata hatten seine Freunde sich in zwei Fronten gespalten. Einige, die Solideren, warfen sich auf den Marxismus. Die anderen gingen mit der Mode der Zeit und strebten nach Macht. Gewalttätigkeit, Anmaßung, Heldentum, Ordnung. Dann gab es noch den Machismo, der vor allem im Süden die jungen Männer anzog. Der Verwegene war immer ein »toller Kerl«. Die Frau war für ihn Ehefrau-Mutter, mit anderen Worten Dienstmädchen-Amme, oder Hure.

Abgesehen von diesen beiden Modellen, hatte die

Weiblichkeit keine Chance, sieht man vielleicht einmal ab von den Nonnen. Ja, es gab die eine oder andere Verrückte, die Künstlerin zu sein versuchte, aber für den faschistischen Mann erklärte sich diese Kunst aus einem sexuellen Notstand. Nach Meinung dieser Männlichkeitsprotze in den schwarzen Hemden konnten alle Ängste und Hysterien der Frau, Bürgerin zweiter Klasse – eine Künstlerin galt als Hysterikerin –, mit einer ordentlichen »Einreibung« behoben werden.

Heinrich Werdmüller von Elgg und Maria Catharina, die Primaballerina.

Die Burg von Elgg.

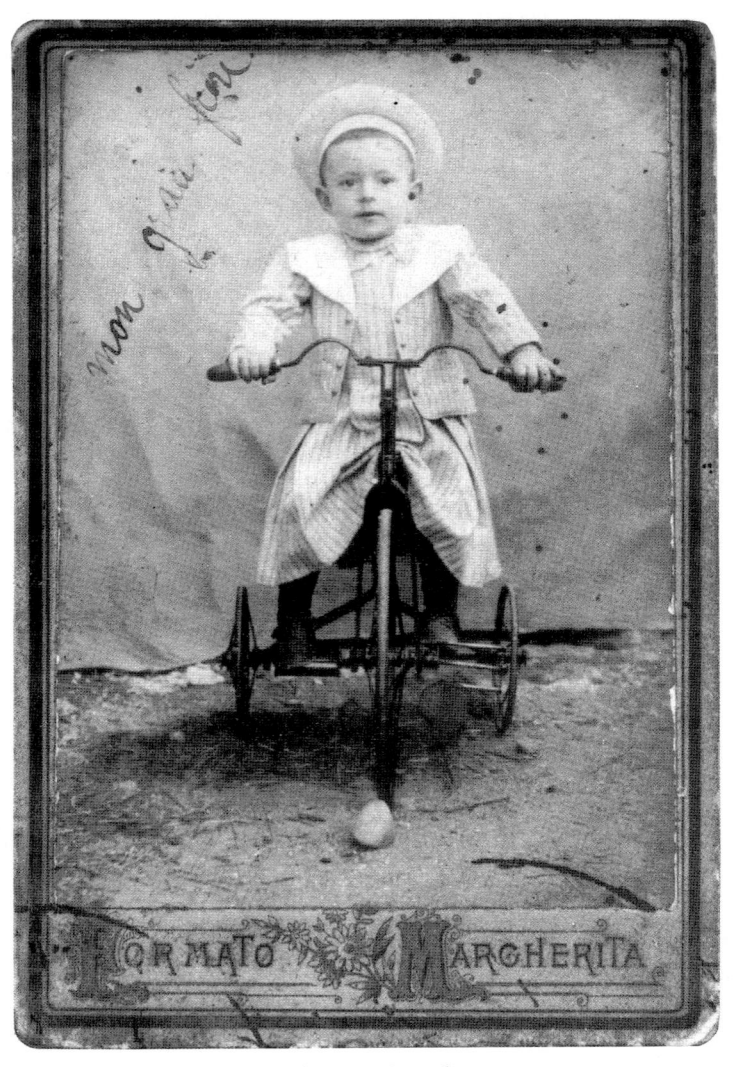

Onkel Anacleto, der Bruder von Angelina.

Das Ehepaar Figliola, die Eltern von Angelina.

Angelina Figliola, die Cavaliere Arcangelo heiraten wird.

Cavaliere Arcangelo Santamaria-Maurizio.

Großonkel und -tante im Kindesalter.

Gegenüber: oben links: Tante Giuseppina in einem gewissen Alter.
   oben rechts: Das Hochzeitsbild von Dr. Enrico
   Wertmüller und seiner Frau Felicetta, 1897 etwa.
Oben rechts: Großonkel und -tante – romantische Blicke und schwierige Schicksale.

Das schwierige Schicksal von Großonkel und -tante kompliziert sich noch durch viele Kinder.

1. Papa als Halbwüchsiger mit seinem kleinen Bruder.
2. Großmutter Felicetta mit ihrem Vater.
3. Großvater Enrico.
4. Papa als Student.
5. Onkel Gino als Halbwüchsiger.
6. Onkel Ernst als Kind.
7. Der dritte, jung an der spanischen Grippe gestorbene Onkel.
8. Papa mit Verwandten aus dem Süden.
9. Kleine, zornige Großonkel im Besuchskartenformat.

10. Onkel Gino und Tante Rosa als Verlobte.
11. Verwandte, denen man ihr arabisch-türkisches Blut ansieht: Die dunkelhäutigen Piraten fielen nicht selten im Süden ein.

Meine Mutter Mariuccia. Große, sanfte, braune Augen mit goldenem Schimmer.

Zwölf Jahre alt und schon mit Turban.

Weniger gelungen: das Foto von der ersten Kommunion. Ein undankbares Alter.

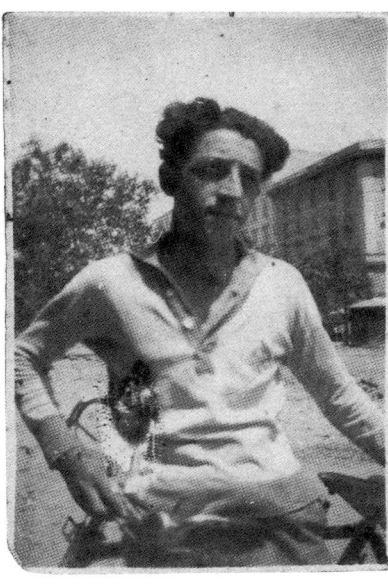

Mein heißgeliebter Onkel Corrado und das angenehme
Leben eines Jungen aus guter Familie.

Meinem Vater Federico gewidmet:

Oben links: Ein wenig Valentino,
ein wenig Hüttenwerksdirektor.
Oben rechts: Blaß, romantisch, nachdenklich.
Unten links: Mit spärlichem, kleinem Schnauzer.
Unten rechts: Als junger Offizier.

Onkel Ernesto mit üppigem Schopf.
Onkel Gino und Tante Rosa als Brautleute.
Onkel Corrado: Romantisch und Musketier.

„... Entschuldigen Sie, Signorina, wissen Sie, daß Sie der Bertini gleichen?"

1924. Die Hochzeit von Mamma und Papa. Es galt als sehr elegant, im dunklen Brautkleid zu heiraten.

Feste im Smoking, Kostümbälle.

Das erste Mädchen links vorn sitzend ist Marluccia, der ausgestreckt liegende junge Mann ist Frederico. Wir sind mitten in den *Rolling Twenties*. Die Damen tragen Kleider mit tiefer Taille, und gleich werden sie beginnen, Charleston zu tanzen.

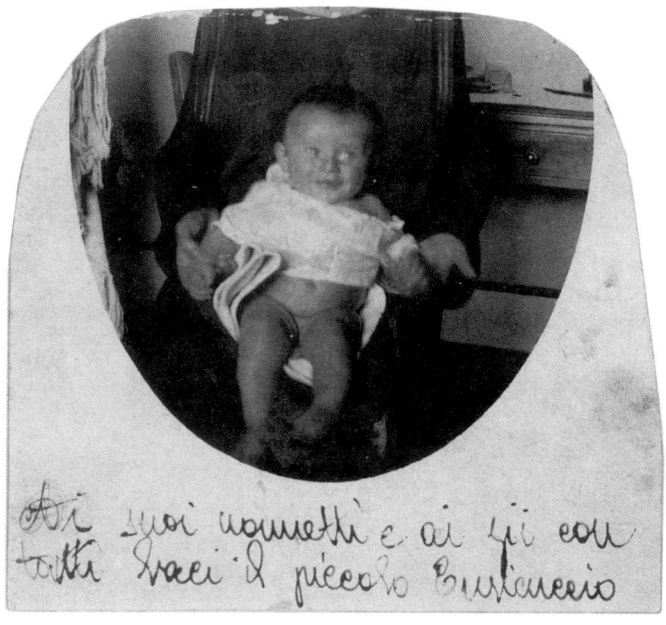

Auf der Hochzeitsreise zu Besuch bei Verwandten im Süden.

Unten: Enrico ist zur Welt gekommen.

Der kleine Enrico.

Oben links: Enrico mit den Eltern und dem Kindermädchen.
Oben rechts: Mit Cavaliere Arcangelo.
Unten links: Mit Mamma.
Unten rechts: Mamma und Papa in Viareggio.

Viareggio 1926–1927

Oben links:
Corrado im Motorboot.
Unten links:
Don Arcangelo mit Familie in dem berühmten Kabriolet.

Unten rechts: Nonna Angelina, Corrado mit seiner Verlobten, Mariuccia im eleganten Reisegewand und der kleine Enrico.

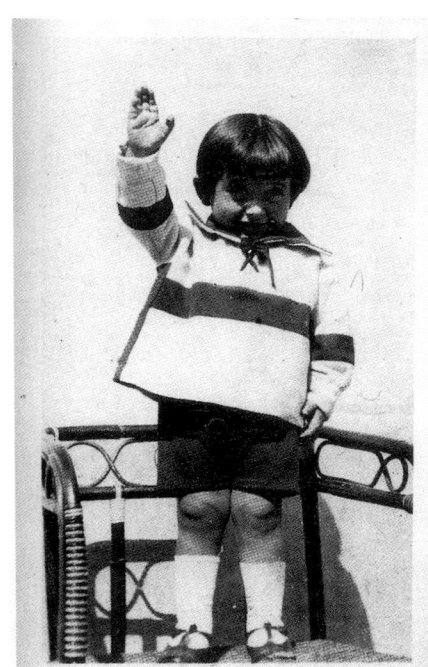

Enrico wächst heran.

Der Cavaliere, Angelina und Enricuccio.
Mitte: Onkel Corrado mit Badeschönheiten.
Unten: Ein strahlendes Lächeln von Mariuccia ganz vorn.

Meiner Kindheit gewidmet:

Oben: Zu jener Zeit war ich von faszinierender körperlicher Ausstrahlung und wurde „Cerasella" genannt.
Unten: Schon damals hatte ich etwas gegen Fotografen.

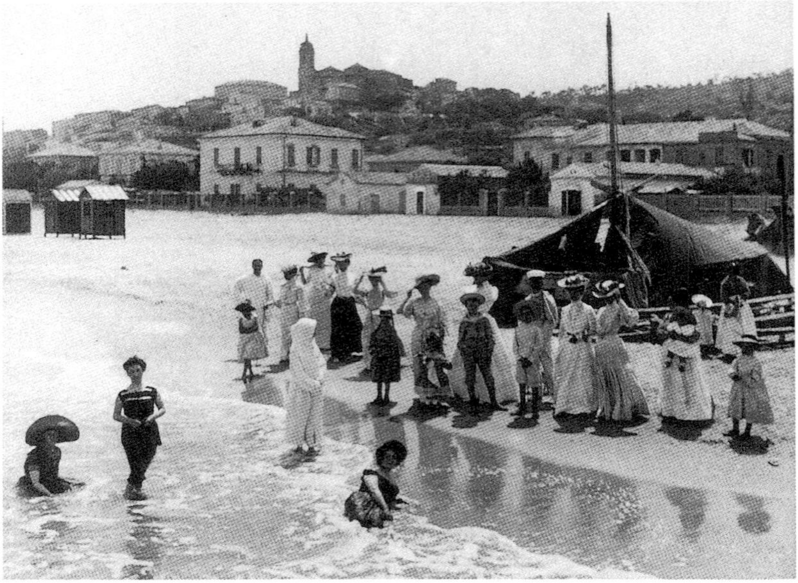

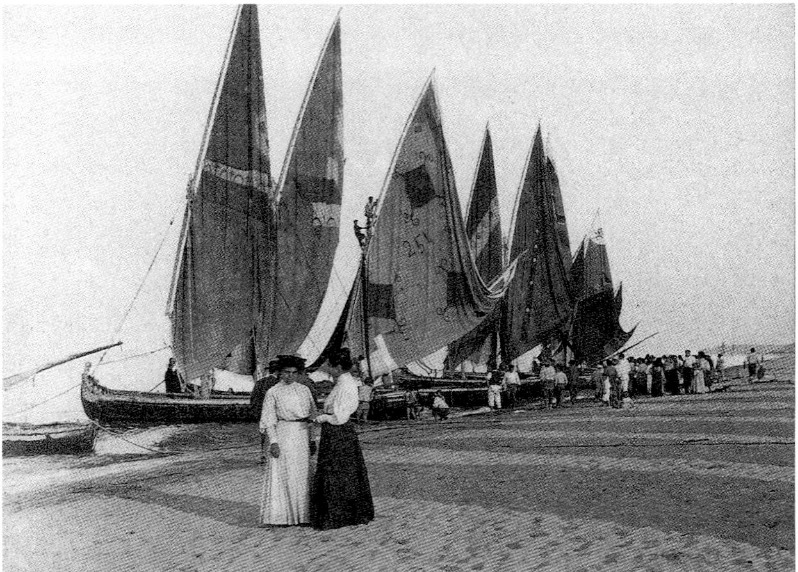

Francavilla al Mare zu Beginn des Jahrhunderts.

Piazzale della Sirena in Francavilla.

Mit einem schönen, rundlichen Kindermädchen im Garten der Piazza Cavour.

Das, was man ein schönes Paar nennt.

Mit den Eltern am Strand
von Francavilla.

Das gewohnte Paar.

Eine schöne Familie.

Anno 1934

Mamma mit Silberfuchs
an der Piazza di Diana.

Papa in Rom (gleicht er nicht ein wenig Erich von Stroheim?).

Papa und Mamma mit einer Freundin.

Theater . . . welche Leidenschaft.

Es beginnt die unendliche Serie der kleinen Zigeunerinnen.
Unten mit Pierrot.

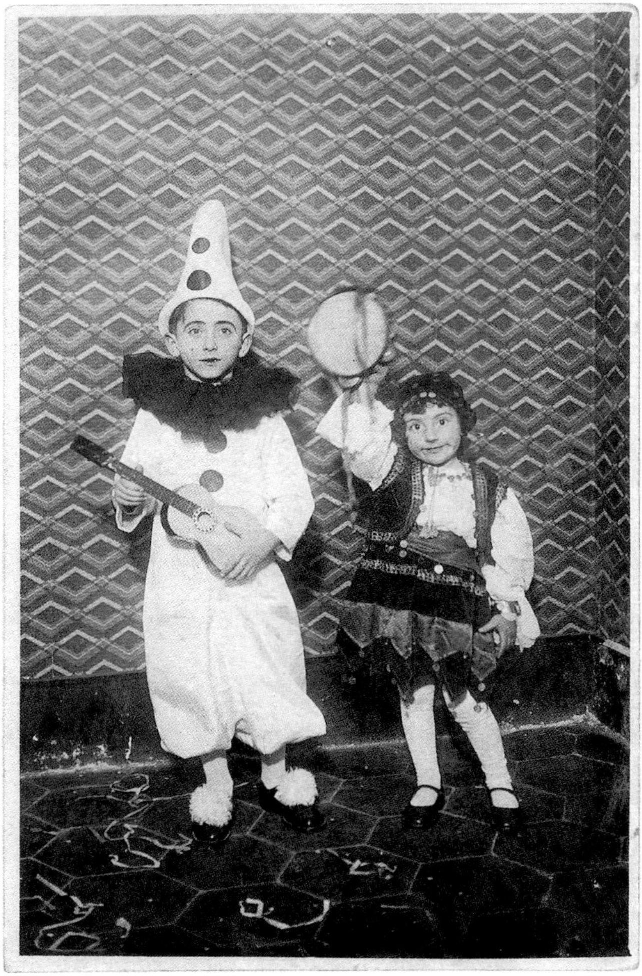

Mariuccia trifft Federico

Kaum hatte er promoviert, begann Exleutnant Federico Wertmüller als Journalist zu arbeiten. Zuerst bei der *Voce della Basilicata*, dann als Korrespondent für Süditalien beim *Giornale d'Italia*. Im Krieg waren ihm die sozialistischen Ideen ein wenig durcheinandergeraten, und ähnlich war es vielen anderen jungen Leuten ergangen, die unglücklicherweise die Dinge falsch interpretierten und Mussolinis Geschwätz schließlich für bare Münze nahmen.

Auch im Hause Santamaria passierte dieses Mißverständnis. Cavaliere Arcangelo, von sehr offener Art, Sozialist von Jugend an, Bewunderer von Turati, war seinen Arbeitern immer sehr nahe gewesen. In Zürich hatte er einige Jahre vor der Russischen Revolution an einem berühmten Kongreß der Internationale teilgenommen. Dort hatte Lenin, wie es heißt, bei einer Sitzung erklärt, die führende bürgerliche Klasse habe nicht Besseres verdient, als eliminiert zu werden, als ohne jede Sentimentalität samt und sonders füsiliert zu werden. Worauf ein Delegierter aus Mailand, bestürzt über so viel Gewalttätigkeit, sich den Kneifer putzte und sich zu Wort melden zu müssen meinte:

»Sie mögen ja recht haben, Signor Lenin... aber

wir Mailänder sind einfache Leute... solche Sachen liegen uns nicht!«

Mein Großvater Arcangelo war einer von eben diesen Sozialisten mit Fliege, gutherzig und ruhig.

Dann passierte es jedoch, daß eines Morgens, nach der Parteispaltung von Livorno, während eines Streiks Revolverschüsse fielen und Cavaliere Arcangelo von einem Projektil gestreift wurde. Seine Arbeiter liebten ihn, und es ist auszuschließen, daß einer von ihnen auf ihn geschossen haben könnte. Für die Demonstranten hingegen, die von außerhalb kamen, war mein Großvater lediglich der übliche Arbeitgeber, ein Feind. Zudem wurde nie völlig geklärt, ob diese Schüsse zufällig oder absichtlich abgegeben worden waren. Doch schlich sich Argwohn und Angst in die Familie ein, und die Sympathie für den Sozialismus ließ nach. Von diesem Augenblick an begann man die Arbeiterkundgebungen mit Argwohn zu betrachten, da sich hinter den berechtigten Forderungen der Arbeiter Feinde, Waffen und Irrläufer verbergen konnten.

Der Furchtsamste von allen war der junge Corrado. Der Junge faßte Argwohn gegen alles, was den Ruch von Umsturz hatte, und diese Ängste zeitigten genau den Effekt, der vorauszusehen war. Er ließ sich von den Worten Mussolinis verführen, vom Mythos des Helden, der in seinen jungen Augen sowohl das Leben der Bürger als auch die Rechte des Volkes vor der blinden, blutrünstigen Gewalt der Revolution retten würde.

Ich habe mein Leben durchdrungen von einem gesunden Haß auf den Faschismus verbracht. In meinen

Filmen habe ich von aufgeblasenen, grausamen Bonzen, Kleinbürgern und Megalomanen erzählt. Der Antifaschismus war der fruchtbare Humus für meine Arbeit, und dennoch war der einzige Faschist meiner Familie der beste aller Menschen. Onkel Corrado hatte in der Tat nichts von einem Faschisten. Er war liebenswürdig, höflich, tolerant, von Natur aus der dem Faschismus fernste Mensch, den ich je kennengelernt habe. Doch traf es ausgerechnet ihn, an Mussolini zu glauben: Noch ein Junge, zog er los und schloß sich einer der Scharen beim Marsch auf Rom an. Für Onkel Corrado, einen gläubigen, unschuldigen Menschen, war und blieb der Duce von der Vorsehung gesandt. Als er hörte, was auf dem Piazzale Loreto geschehen war (Hinrichtung Mussolinis), empfand er sich als besiegt und zog sich mit betroffener Würde aufs Land zurück. Er lehnte auch die zahllosen Prozesse ab, die man dem Regime in der Folge machte. Viele Jahre nach Kriegsende starb er und war bis zuletzt davon überzeugt, daß einzig und allein jene, die Mussolini umgeben hatten, für die Katastrophe verantwortlich waren.

Die Tatsache, daß ihr Bruder Corrado am Marsch auf Rom teilgenommen hatte, verwandelte in den Augen meiner Mutter die nationale Tragödie in eine Art Kreuzzug zugunsten der anständigen Leute. Mir zieht es jedesmal den Magen zusammen, wenn mir dieses Foto in die Hände fällt, das sie in der Kleidung der »Faschistin« zeigt. Nicht wegen der Tatsache an sich, sondern weil es mir deutlich macht, wie leicht Menschen verführbar sind. Das italienische Bürgertum begriff nicht, in welche Falle es sich begab – nicht einmal, als Matteotti ermordet wurde. Es mußte erst der zweite schreckliche Weltkrieg kommen, damit es aus seiner Verblödung erwachte.

Aber kehren wir zu der Begegnung meines Vaters mit meiner Mutter zurück.

Jeder Junge, der sich auf die Suche nach der Liebe macht – wie im übrigen auch jedes Mädchen –, trägt tief in sich bereits unendliche Programmierungen in bezug auf seine Nachkommen. Wir, letztlich das Ergebnis solcher frühen Programmierungen, fragen uns neugierig, wenn wir in der Zeit zurückschauen, was, um es mit Pitigrilli zu sagen, einem Dichter, der damals sehr in Mode war, zwischen ihren »wie Knospen von Roßkastanien aufgerichteten Brustwarzen« und seinem »Bauch, platt wie die hohle Hand« den Funken entzündet haben mag, dem wir entsprungen sind.

Maria Santamaria und Federico Wertmüller trafen sich am Krankenbett eines gemeinsamen Freundes, der einen Autounfall gehabt hatte. Er war noch sehr jung, Apulier wie mein zukünftiger Vater, und wohnte in der Via Confida, wo mein Großvater, Cavaliere Arcangelo, seit kurzem eine Baustelle eröffnet hatte. Der schwere Autounfall, den dieser Junge erlitten hatte, war für jene Zeiten eher ungewöhnlich, hatte alle bewegt und auch Mamma und Papa an sein Krankenbett geführt.

Mariuccia war damals von außergewöhnlicher Schönheit. Sie sah aus wie eine Filmschauspielerin – Maria Jacobini oder Lyda Borelli oder besser noch wie eben sie, die unwiderstehliche Francesca Bertini. Sie hatte hohe, bebende Brüste, ein strahlend sympathisches Lächeln und war von einer geistreichen Natürlichkeit, die mich, die ich die verschlungenen Fäden meiner Herkunft zu entwirren versuche, auf der Stelle zu den natürlichen Anlagen des charmanten Cavaliere Arcangelo zurückführen: Heiterkeit, Lebensfreude und die Lust, Probleme hinter sich zu werfen. Er, Federico, ein schwieriger Charakter, ein wunderbarer Mensch, intelligent und lebenshungrig wie all jene, die den uralten Orten des Südens entstammen, dieser langen Tradition verzweifelter Vorsicht.

Ich erinnere mich an seine Grimasse: »Hmm...«

Es war die verächtliche Grimasse dessen, der aufgrund der dünkelhaften Einbildung von der eigenen Überlegenheit alles ablehnt. In Wirklichkeit Verteidigungshaltung aufgrund von tausenderlei Minderwertigkeitskomplexen. So war Federico: ein argwöhnischer, geistreicher, aggressiver Macho, mit dem Bedürfnis, im Mittelpunkt zu stehen. Ein junger Mann, der nicht nur die harte Jugend im Süden hinter sich hatte, sondern auch den Schlamm, die Flöhe und das Todeserlebnis des Ersten Weltkriegs.

Und da saßen sie nun am Bett des verunglückten Freundes: Federico, vierundzwanzig, mit goldenen Funken in den blauen Augen und grünlichem Rand um die Pupillen, ausgeprägter Nase, gewinnendem Lächeln, den rebellischen Schopf pomadisiert und zurückgekämmt, und die spritzige Mariuccia mit ihrem bezaubernden Lächeln – eine unbefangene Städterin mit jenem gewissen Etwas, das seinen provinziellen Ehrgeiz reizte.

Federico machte ihr leidenschaftlich den Hof.

Mariuccia hatte kurz zuvor die Verlobung mit einem neapolitanischen Anwalt gelöst. Weiß der Himmel, wieso sie all diesen Anwälten begegnete. Sie war sehr schön, kam aus gutem Hause, und ich finde es komisch, daß sie als Anwärter lediglich Anwälte hatte.

Federico ließ nicht locker: Rosen, Briefe, tausenderlei Vorwände, um sich ihr zu nähern, bis seine feurig-verwegene Beharrlichkeit schließlich den Sieg davontrug.

Ich sehe sie auf einem Foto unter einem japanischen Blumenschirmchen, jung und schön, ein strahlendes Liebespaar an einem Sonnentag. Sie scheinen auf einem romantischen See zu fahren, vielleicht dem Schwanensee der Villa Borghese. Das Boot sieht man nicht, aber es könnte da sein.

Sie heirateten am 21. Juni 1924. Der 21. Juni war ein wiederkehrendes Datum im Leben von Mamma und Papa. Sie heirateten an diesem Tag, sie war an diesem Tag geboren, und eben an einem 21. Juni einige Jahre zuvor war mein Vater einberufen worden.

Aber später gewannen auch andere Daten Bedeutung. Am 29. März 1925 wurde mein Bruder Enrico geboren, und am gleichen Tag machte mein Vater in der Zeitung die Veruntreuungen zweier faschistischer Parteigrößen bekannt. Die beiden hatten ihre Schutzheiligen, und Papa wurde ein Prozeß wegen Verleumdung angehängt. Der Faschismus hatte sich inzwischen als Diktatur etabliert, und die Journalistenkarriere meines Vaters war damit beendet. Als

Antifaschist, der er nunmehr geworden war, eröffnete er eine Anwaltskanzlei.

Am 24. Juli 1928 verspürte Cavaliere Arcangelo, der sich zur Routineuntersuchung bei einem Arzt befand, einen stechenden Schmerz im linken Arm, glitt Großmutter Angelina vor die Füße und starb. Mit nur achtundvierzig Jahren hatte ihn der Infarkt dahingerafft. Angelina wollte nicht glauben an so viel Ungerechtigkeit und fühlte sich vor Schmerz selber dem Tode nahe.

Großvaters Tod hatte den Bankrott des Unternehmens Santamaria zur Folge, und Onkel Corrado, der sein Studium nicht hatte beenden können, verließ Rom, um sich Arbeit zu suchen.

Inmitten all dieser Wirrsal wurde ich geboren.

Ich bin in einer kleinen roten Villa hinter der Piazza Cola di Rienzo zur Welt gekommen, etwa dreihundert Meter von dem Haus entfernt, in dem ich heute lebe. Als ich zur Welt kam, surrte eine große Brummfliege beharrlich durch das Zimmer.

Obgleich mein Vater kein gläubiger Mensch und der Parapsychologie nicht zugeneigt war, glaubte er, daß etwas so zweifelhafter Herkunft und so ungewisser Konsistenz wie die Seele eines Verstorbenen sich in dem Insekt materialisiert habe und daß es sich um seinen Schwiegervater Cavaliere Arcangelo Santamaria handle, der nur darauf wartete, in die neue Arcangelina einzugehen, sobald man sie mit zerzaustem Haar und Daumen im Mund in die Wiege gelegt hätte.

1934
Der erste Stern auf der Flagge

»Frau Lehrerin, darf ich raus? Ich muß Kaka.«

»Nein... Nimm dich zusammen... Gleich kommt die Kontrolleurin... Keiner darf hinaus... Keine Ausnahme, seid gehorsam, sitzt still und sprecht nicht, sonst gibt's was... Habt ihr verstanden...«

Kindergarten der Schule »Umberto Primo«. Ein hell perlgrau gestrichener Klassenraum. Den oberen Abschluß bildete ein bläulicher, von einer schmalen braunen Linie begrenzter Lackstreifen, der ringsherum lief. Unter dem Kruzifix die Bilder des Königs, der Königin und des Duce. Die langen, schweren Vorhänge und die kleinen Mädchen in weißen Kittelchen mit dunkelblauer Schleife.

Ich war drei oder vier Jahre alt und saß immer noch da mit erhobener Hand. Wer die »Kontrolleurin« war, wußte ich nicht. Und weniger noch, daß es sich um eine Funktionärin der PNF, der faschistischen Partei handelte – Abkürzungen kamen in Italien später in Mode –, ich wußte bloß, daß die Lehrerin sehr böse war. Was hatte die Kontrolleurin mit meinem hochheiligen Recht zu tun, Kaka zu machen?

Wer erinnert sich nicht an die erotisch-sexuell-beruhigende Freude, Pipi ins Bett zu machen? Süße Lust, die Bremsen zu lösen und alles schön warm unter sich in die Laken sickern zu lassen. Ein wahres Vergnügen. Gesteigert noch durch das aphrodisische Gefühl der Sünde. Pipi ins Bett. Und zudem äußerste Verteidigung des Ego.

»So... du gibst mir eine Ohrfeige... verbietest mir was? Dann mache ich eben Pipi ins Bett.«

Kaka im Bett war stets weniger erfolgreich, vielleicht wegen des unangenehmen Geruchs. Das ändert nichts daran, daß es ein hochheiliger Genuß ist, sein großes Geschäft zu machen, eine Freude, die uns durch das Leben begleitet...

In diesem gesunden, unverdorbenen Alter von drei oder vier Jahren empfand ich mich als Opfer einer überaus schweren Gemeinheit, einer schreienden Ungerechtigkeit, als die Lehrerin es mir nun verbot, hinauszugehen.

»Aber ich muß Kaka machen...«

»Ruhe, stillsitzen!... Wer wagt, zu mucken, muß in die Ecke... Aufstehen, einszweidrei!«

Beim Eintritt der Kontrolleurin hob die Lehrerin zackig die Hand zum römischen Gruß. Eine magere Frau, die eine Art Uniform trug, ernst und autoritär wirkte, ein Offizierstyp. Sehr kalt und völlig durchdrungen von der Bedeutsamkeit ihrer Autorität...

AUTORITÄT AUTORITÄÄT TÄTERÄTÄTÄÄÄÄÄ...!

Aber ich muß Kaka machen.

KAKA KAKAAAAAA! KAKAKAKAKA!

Die Angelegenheit war dringend, und ich wand mich in der Bank. Die Kontrolleurin hatte am Pult Platz genommen. Neben ihr stand die Lehrerin und war eifrig bemüht, einen guten Eindruck zu machen.

»Dann wollen wir uns doch diese Töchter der Wölfin einmal ansehen...«

Derart wurde man in jenem Regime im zartesten Alter eingereiht. Söhne und Töchter der Wölfin: die Winzigen... Kleine Italienerinnen – Balilla (paramilitärische faschistische Jugendorganisation unter Mussolini): die Kleinen. Junge Italienerinnen – Avantgardistinnen: die Halbwüchsigen. In der Folge trat man in die Ränge der Erwachsenen ein, wo die Bezeichnungen noch phantasievoller wurden, und es gab so viele davon, weil die unterdrückte Megalomanie der Spießbürger des Landes befriedigt werden mußte. Ich wand mich in meiner Bank.

»Wer ist dieses lebhafte Kind...?
»Wertmüller... Ein Frechdachs... Sitz still!«

Still?... ich mußte Kaka machen, die Lehrerin verbot es mir und verlangte obendrein, ich sollte stillsitzen. Die Sache war nicht nur ungerecht und gefährlich, sondern auch albern.

»Aber ich...«

In den Augen der Lehrerin las ich Entsetzen. Die feige Verräterin ahnte, daß ich total auf mein Kaka konzentriert war.

Mit Feldwebelstimme brachte sie mich zum Schweigen:

»Ruhe! Sprich nur, wenn du gefragt wirst!«

Die Kontrolleurin, im Vollgefühl ihrer Disziplinargewalt, legte ein wenig davon ab und sagte in liebenswürdigem Befehlston:

»Da du so lebhaft bist, komm her... Ich möchte dich befragen...«

Die Sache begann dramatische Formen anzunehmen. Es war schon schwierig, im Sitzen einzuhalten, aber im Stehen... Doch wenn das Schicksal gegen mich war, mußte ich damit fertigwerden. Ich trat aus der Bank heraus, drückte die gepeinigten Pobacken zusammen, so fest ich nur konnte, und verspürte dabei tief drinnen einen Schmerz, der nichts Gutes verhieß.

»Sprich uns etwas vor... Ein schönes Gedicht zum Beispiel.«

Es war eines der ersten Gedichte, das man auswendig lernen mußte. Es lautete etwa so:

> *Lenta la neve fiocca fiocca fiocca*
> *dolce una zana dondola pian piano.*
> *Un bimbo dorme, il piccol dito in bocca,*
> *canta una vecchia, il mento dulla mano.*
> *La vecchia canta: intorno al tuo lettino*
> *c'è rose e gigli, tutto un bel giardino*
> *nel bel giardino il bimbo s'addormenta*
> *la neve fiocca, lenta, lenta, lenta.*

> (Leise, leise, fallen die Flocken
> und die Wiege schaukelt ganz sanft.
> Ein Kind, es schläft, mit dem Daumen im Mund,
> eine Alte singt, mit dem Kinn in der Hand.
> Die Alte singt: Rund um dein Bettchen
> sind Rosen und Lilien, ein schöner Garten.
> In diesem Garten schläft das Kind und
> leise, leise fallen die Flocken.)

Ich war außer mir, und meine Pupillen begannen gelbe Funken zu sprühen. Was dachte diese Idiotin von Lehrerin sich eigentlich! Sie kannte mein Problem, aber sie, die dumme Kuh, wollte keine schlechte Figur abgeben und soufflierte mit gespitztem Herzmündchen:
»Lenta la neve fio... fio...«
Dieses Vorsagen brachte in mir die letzte Barriere zum Einsturz. Angesichts dieses gespitzten Mündchens hob ich das Gesicht, sah der Kontrolleurin in die Augen und sagte:
»Ich muß Kaka machen!«
Ich zog die Hosen herunter, hockte mich nieder, und mit einer Schnelligkeit, die einer Werbung für Abführmittel würdig gewesen wäre, deponierte ich genüßlich mein schönes Kaka.

Braun, üppig und revolutionär kringelte es sich wie eine Schlange unter meinen Pobacken, die endlich ihre Freiheit wiedergefunden hatten.

Die Gesichter der Lehrerin und der Kontrolleurin waren ein Anblick, der mir fürs ganze Leben geblieben ist: hochgezogene Augenbrauen, empört aufgerissene Augen, sprachlos geöffnete Münder – einige wahrhaft erhebende Augenblicke.

So verblüfft und beleidigt, wirkten sie dermaßen lächerlich, daß ich vor Glück entbrannte. Ein Glück, das vom »Oooooooo!« der Klasse hinter mir auf der Stelle gesteigert wurde.

Anschließend versuchten sie alles, um mich zum Weinen zu bringen. Die Lehrerin mit ihrem Herzmündchen, verkniffen wie das Hinterteil eines Huhns mit Verstopfung, die Schuldienerin, die mit

Sägespäne und Zeitung zum Aufputzen kam, die Kontrolleurin, die in einer Klasse, die immer noch kicherte, vergeblich die Angst wiederherzustellen versuchte. Selbst meine Mutter schalt mich aus, obgleich sie sich heimlich amüsierte. Trotz all ihren Bemühungen, mir dies zu verbergen, gefiel ihr meine Lebhaftigkeit sehr. Aber mehr als alle anderen vergnügte ich mich selbst, da ich die Lust entdeckt hatte, mich über Autoritäten, Strukturen und Macht lustig zu machen. Ja, dieses kleine kindliche Kakahäufchen nahm ich für immer in meine Flagge auf. Deswegen messe ich noch heute den Regeln so viel Bedeutung bei, denn welchen Spaß könnte es sonst machen, sie zu übertreten?

Der Ärmel

Für mich ist die Piazza Cavour einer der wichtigsten Plätze meiner Jugend. Zutiefst durch die Zeit Umbertos I. geprägt, hat sie sich bis heute den Garten inmitten bewahrt, in den alle kleinen Kinder des Viertels zum Spielen kamen, begleitet von Müttern, Großmüttern, Tanten oder Gouvernanten. Es gab ganze Banden. Dort entstanden meine ersten Freundschaften, von denen viele fürs ganze Leben hielten. Es war der Garten der ersten Spiele, des Lupinenverkäufers und des Kinos.

Das Kino »Teatro Adriano« hatte und hat noch heute einen riesigen Saal mit Logen, unteren und oberen Rängen, einer riesigen Bühne und einer gewaltigen Leinwand. In Konkurrenz zu den verführerischen Filmplakaten, auf denen die Kurven und die provozierenden Ausschnitte der weiblichen Stars zu sehen waren, war der bombastische Eingang des Cinema Adriano zu jener Zeit mit üppigen Frauenstatuen dekoriert, die Füllhörner in den Armen und Blumen in den Haaren hatten. Ihre wohlgerundeten Hintern und Brüste befanden sich wiederum in Konkurrenz zu den großen Busen, den ausladenden Hüften, den mächtigen Schenkeln, den üppigen Lippen und den fülligen, gewaltigen Hinterteilen der Statuen rund um das Denkmal für einen bescheidenen, überaus bürgerlichen Cavour mit seinem braven Angestelltenbäuchlein, der direkt gegenüber im Mittelpunkt des Gartens stand.

Wegen der vielen Palmen sanft wogend – *désir d'Afrique* – war dies ein überaus weiblicher Platz, Paradies für Spanner und Hölle für Schwule mit Komplexen. Der Platz, der erfüllt war vom Gezwitscher zahlloser Vögel, wurde begrenzt vom Justizpalast mit seinen mächtigen Marmorblöcken, zwischen denen andre opulente weibliche Formen hervortraten. Symbole der Italia, Göttinnen samt Quadriga und zu Füßen dieses phantastischen Travertinberges hindrapierte Gesetzesgeber, dasitzend mit übergeschlagenen Beinen, die Hände nachdenklich auf die großen, vornehmen Hände gestützt. Unter ihrem marmornen Blick spielten wir Kinder unsere ersten Spiele im Park und gingen sonntags ins Kino.

Dort, in einer kleinen Loge im Cinema Adriano, schoß mir während ich weiß nicht welchen Films ein seltsamer Gedanke durch den Kopf: »Und wenn Mamma unters Auto käme?...«

Betrachte ich mir die Fotos mit dem kargen Autoverkehr jener Jahre, so erscheint mir ein solcher Gedanke überraschend, dennoch überfiel er mich.

Mamma könnte unter ein Auto kommen! Wenn wir Kinder die Straße überquerten, sagte Großmutter immer:

»Paßt gut auf, wenn ihr hinübergeht!«

Und sie versuchte uns zurückzuhalten und unsere Lebhaftigkeit zu bändigen. Doch wer sagte

Mamma, daß sie aufpassen mußte? Sie bewegte sich allein durch die Stadt, hübsch, energisch, lebhaft und zerstreut. Nachdem mich dieser Gedanke befallen hatte, stieg eine Art Übelkeit in mir hoch. Es war Angst! Ich verspürte eine schreckliche Leere, und es gelang mit nicht, gegen das panische Gefühl von Angst und Schuld anzukommen.

Warum von Schuld? Nun... weil ich dasaß und mir den Film ansah, während Mamma auf dem Weg durch die Straßen ihr Leben riskierte.

Der Gedanke nahm mich völlig gefangen, zerfraß mir das Hirn, versetzte mich in unerträgliche Erregung. Auf der Stelle sann ich auf Abhilfe, beschloß, einen Pakt mit dem Schicksal zu schließen. Hatte ich Angst, in der Schule geprüft zu werden, oder daß Großmutter die Scherben der Vase entdecken könnte, die ich zerbrochen hatte, beschloß ich, den Gehsteig entlangzugehen, ohne eine einzige Fuge zwischen den Platten zu berühren. »Schaff' ich es, geht alles gut«, sagte ich mir. Kurze Schritte, lange Schritte, Vorsicht, Beharrlichkeit – und alles würde sich in Wohlgefallen auflösen.

Auf die gleiche Weise mußte ich an diesem Sonntagnachmittag, mitten in der Kinovorstellung, eine Art Exorzismus finden, damit Mamma nicht unters Auto kam. Der Einsatz war hoch. Ich blickte mich um, während die Schauspieler auf der Leinwand weiterhin eine Geschichte spielten, die mich nicht mehr interessierte. Und da hatte ich ihn gefunden! Meinen Puffärmel! Ich trug ein leichtes weißes Kleid mit kleinen, gebauschten Ärmeln, die von einem Gummiband zusammengehalten wurden. Ja, wenn es mir gelänge, bevor der Film zu Ende war, den ganzen rechten Ärmel, einschließlich Gummiband, aufzuessen, würde Mamma gerettet werden.

Ich machte mich sofort an die Arbeit und paßte dabei auf, daß weder Großmutter noch mein Bruder Enrico etwas bemerkten. Heimlich, ohne ein Geräusch zu machen und ohne mich allzu sehr zu bewegen, begann ich mit meinen Nagezähnchen sorgfältig den Puffärmel aufzuessen. Ich erinnere mich noch heute an den Geschmack des Stoffes. Es war gutes, starkes Baumwollgewebe jener alten Zeit, von guter Qualität. Schwierig, es aufzufransen. Und es hinunterzubringen. Ich mußte es in kleinen Stücken schlukken, andernfalls lief ich Gefahr, daran zu ersticken. Mit anderen Worten: ein hartes Stück Arbeit. Doch Wollen heißt Können.

Es war Sommer, aber in dem großen Kino war es kühl. Dennoch war ich naß geschwitzt. Auf, weiter... Glücklicherweise war mir der Gedanke zu Beginn des Films gekommen, deshalb schaffte ich es. Als oben auf der Leinwand das Wort »Ende« erschien, schlang ich gerade heldenhaft das letzte Stück Gummi herunter. Das Spiel war gemacht, der Exorzismus vollbracht, die Herausforderung gewonnen, Mamma gerettet.

Im Kino leuchteten die weißen Kugellampen auf. Die Leute erhoben sich. Und Großmutter sah mich an.

»Kommt, wir gehen nach Hau...«
Das Wort blieb ihr im Halse stecken.
Der Stoff rund um die Schulternaht war zerfranst, und mein Ärmchen hing klein und rund aus den

Fetzen heraus. Das Gesicht meiner Großmutter erstarrte vor Verwunderung.
»Aber... aber... was hast du denn mit dem Ärmel gemacht?...«
»Was?...«, sagte ich und versuchte, mich dumm zu stellen.
»Was hast du mit dem Ärmel gemacht?«
»Nichts!...«
»Was heißt hier nichts? Er ist doch nicht mehr da! Wo ist er abgeblieben? Was ist passiert? Wo hast du ihn hingetan? Hör zu Linaccia: sag mir auf der Stelle, was du angestellt hast, sonst kannst du was erleben... Was hast du mit dem Ärmel gemacht?...«
Ich hatte einen Augenblick der Schwäche. Vielleicht, weil ich mich in gewisser Weise heldenhaft fand. Ich gestand.
»Ich habe ihn aufgegessen.«
»Du hast ihn aufgegessen?«
»Ja.«
»Aber wieso hast du ihn aufgegessen? O Madonna!... Wieso denn?... Du hast den Ärmel aufgegessen? Das glaube ich nicht. Wo hast du ihn hingetan?...«
»Puuh... Ich habe es dir doch gesagt, Nonna, ich habe ihn aufgegessen...!«
Und auf der Stelle Enrico: »Ach! Deshalb hast du da so rumgenagt. Und ich dachte, du würdest dir die Fingernägel abfressen. Hast du ihn wirklich aufgegessen?«
»Jaa.«
»Aber bist du denn verrückt geworden? Warum...«

Ganz schnell schoß mir der Gedanke durch den Kopf: Wenn du sprichst, wenn du es ihnen offenbarst, ist dies kein heimliches Heldentum mehr und gilt nicht. Ich beschloß, zu schweigen. Nach A mußte ich auch B sagen.

»Einfach so...«

Großmutter gab mir einen kräftigen Stoß.

»Was heißt hier einfach so... Einfach so! Das ist doch verrückt! Komm, wir gehen jetzt nach Hause...«

Energisch zog sie mich hinaus. Enrico kam neugierig hinter mir her.

»Hast du ihn wirklich aufgegessen?«

»Ja.«

»So was Dämliches... und warum?«

»Puuh...«

Ich verschloß mich in heroischem Schweigen. Auf dem Heimweg sahen Großmutter und Enrico mich neugierig an. Ich fühlte mich als edle, großzügige Märtyrerin, und genoß das einsame, stolze Gefühl, ein erhabenes Opfer gebracht zu haben.

Von jenem Tag an wurde ich zu Hause berühmt für meine Absonderlichkeiten. Wahrscheinlich sind alle Kinder so, aber meiner Familie erschien ich außergewöhnlich. Es waren echte Dummheiten, doch gingen sie in die Familiengeschichte ein. So wie das eine Mal, als ich eines Sommernachmittags, als alle ein Schläfchen machten, eine Schere fand, mich vor den Spiegel setzte und mir sämtliche Haare abschnitt.

»Madonna«, schrie Mamma, »du siehst ja aus wie ein Karabiniere!«

Oder jenes andere Mal, als es mir gelang, mich

einer Flasche Wasserstoffsuperoxyds zu bemächtigen und ich sie mir voll über den Kopf schüttete.

Ich war noch sehr klein, aber ich wußte bereits, das hatte etwas mit »blond« zu tun, denn Mamma hatte eine sehr hübsche, ziemlich auffällige, hellblonde Freundin, hinter deren Rücken die Damen sich zutuschelten: »Die ist wasserstoffgebleicht.«

Und als nun jemand nach dem Fläschchen mit dem »Wasserstoffsuperoxyd« fragte, überfiel mich auf der Stelle die Idee, es mir über den Kopf zu gießen.

Tatsächlich bekam ich fleckig blonde Haare. Und irgend jemand sagte: »Da schau mal einer an! Ein Wasserstoff-Flöhchen.«

Und dieses »Wasserstoff-Flöhchen« blieb mir eine ganze Weile als Spitzname.

1933–1934
Francavilla al Mare

Ja, der Sommer ist sinnlich. Die Natur rollt sich wie ein läufiges Tier, suhlt sich unter der weisen, erfahrenen Pranke der Sonne...

Ein ganz köstlicher Ort solcher Stimmungen war Francavilla al Mare. Viale Nettuno – geschmückt mit Pinien, Oleandern, Jugendstilvillen wie das Lockenköpfchen einer schönen Frau, die soeben vom Friseur kommt: Türmchen, Bogen, Fialen, Loggien, Wetterhähne auf den Dächern, vielfarbig blühende Gärten, leicht welk und dekadent, feuerrot, knallblau und lila. Vor so vielen Jahren... Am Strand, unterhalb des Pinienhains, große, schattenspendende Schuppen für die Boote.

Wir Kinder schnupperten am Meer Abenteuer und andere Welten: Fischerboote, orangegelbe Segel und große dunkle Sonnen. Silber, Braun, Unterholz, gelbe und rote Arabesken, antike Mäander, Dekors und Ornamente. Der Fischmarkt samt den an Land gezogenen Barken mit ihren eingeholten Segeln war ein Indianerlager. Faszinierende Formen und Farben, Abenteuer in meinen Augen. Großmutter ging dort mit dem Hausmädchen hin, um frischen Fisch zu kaufen, kaum kamen die Boote vom Fang zurück, und sie nahm auch uns Kinder mit. Die Frauen mit den

Kindern im Arm, barfüßig wie Zigeunerinnen unter den weiten, von der Sonne verschossenen Röcken ihrer wunderschönen Trachten, halfen am Strand ihren Männern, den Fischern, knotig wie die Taue und mit wettergegerbten Gesichtern, die Barken an Land zu ziehen.

»Oooohò! Ooooh! Jamm 'nziemm! Ooohò.«

Ziehend und schiebend ließen sie die Boote über alte Eisenbahnschwellen gleiten, brachten sie in Sicherheit vor Wellen und Flut.

Neuer, vielversprechender Augustmond jener fernen, frühen dreißiger Jahre. Sehnsüchtiger, matter Mond, der den Orient von jenseits der Adria herüberduften ließ.

Wir Kinder waren sehr empfänglich für diese Atmosphäre, die Abenteuer spüren ließ, für das vertraute Milieu des Ortes, und auch für das Bedürfnis, »Côte d'Azur« sein zu wollen, das diesem Ferienort in den Abruzzen einen leicht mondänen Anstrich gab. Die Bälle waren das Höchste. Sie fanden auf der hellerleuchteten Terrasse des »Circolo della Sirena« statt, die zum Meer hinausging... Ich schaute von außen zu, während wunderbare Musik meine Ohren streichelte: *Lover, Goodbye to summer, Polvere di stelle, Die lustige Witwe, Signorine non guardate i marinai, I'm in the mood for love...*

Voile, Organdi, Tüll, Taft, Chiffon, Crêpe de Chine. Raschelnder Stoff, Worte, Lächeln, Musik, Zigaretten... Es war schön, das Bild dieser fernen, unerreichbaren Welt der Großen. Das Leben pulsierte. Tanz, Abendkleider, Liebe, Romanzen... Wir wußten nicht, worum es ging, aber das Leben war dort, vor unseren weitaufgerissenen Kinderaugen, und wir gierten danach, einen Tanz zu sehen, die Drehungen, eine heimliche Sünde.

Der Sommer in Francavilla bedeutete vollkommenes Vergnügen. Spiele, verlockende Preise, Kotillons, Kirmes, Bälle, Geschicklichkeitswettbewerbe, Tennisturniere und unter vielen anderen Dingen auch den Wettbewerb um die schönste Sandburg. Mein Bruder Enrico gewann einen davon und wurde von da an einer der großen Champions. Aber das Schönste war für uns Kinder die Tomatenschlacht. Sie war über die Maßen blutrünstig, und ich durfte erst nach ein paar Jahren daran teilnehmen. Die Tomatenschlacht, das war was! Mannschaftsweise schiffte man sich auf Flotten ein, auf Wassertreträdern, die bei dieser Gelegenheit schnell zu Piratenschiffen wurden. Dekoriert mit schwarzen Flaggen, Totenköpfen, Korsarensymbolen und Federn, bewaffnet mit einem Arsenal von Kisten voller reifer Tomaten. Und dann... Gnadenlose Tomatenwürfe voll ins Gesicht. Kapern der Treträder, denen die Munition ausgegangen war, während Meer und Kämpfer sich tomatenrot färbten. Mich amüsierte diese Schlacht zu gefährlichen Ideen: ich träumte davon, groß genug zu werden, um einer gewissen Gräfin, die immer, selbst am Strand, Hütchen mit violetten Schleierchen und eine Lorgnette trug, eine Ladung Tomaten ins Gesicht zu werfen. Ich wollte voll auf die Lorgnette treffen. So hießen diese an einer langen Kette hängenden Augengläser, deren sich zu jener Zeit die kurzsichtigen Damen bedienten. Sie trugen sie nur hin und wieder, wenn es wirklich unerläßlich war, da Brillen als häßlich galten. Ich träumte davon, ihr, die so elegant gekleidet war, mit meiner reifen Riesentomate voll auf das Schirmchen, die Lorgnette, das Schleierchen, das Hütchen zu treffen und sie Hals über Kopf ins Meer stürzen zu sehn – möglichst mit Unterrock und Liebestöter voll in der Luft.

Wie soll ich es sagen – für mich war Francavilla ein Paradies. Nein, verglichen mit Francavilla muß das Paradies mit seinen Engelschören und den Glückseligen langweilig sein. Das waren die Ferien. Der Rest des Jahres, bestimmt durch die Schulabläufe und die Feiertage, wurde erhellt durch den Gedanken an Francavilla: Der Winter war die sehnsüchtigste Erinnerung an den Sommer. Tag für Tag vertrieb ich mir die Zeit damit, auf die wundervollen Ferien hinzuzählen, während in dem nüchternen Schulzimmer irgendeine Unglückselige mit dem Stöckchen in der Hand mir zu erklären versuchte, daß, wenn ein Bauer mit zehn Eiern auf den Markt ging und sie für fünf Soldi pro Stück verkaufen wollte... Und weiter mit solchen Hypothesen, die in der Regel damit schlossen: »Wie viele Eier hat der Bauer verkauft?« Dieser Bauer war mir völlig egal... Der Traum der Regierenden sind Bürger mit Buchhalterseelen. Doch statt rechnen zu lernen, träumte ich von Francavilla und war in Mathematik eine Katastrophe. Wandelte sich dann der Frühling zum Sommer, lernte ich mit gigantischer Anstrengung, um mir in allerletzter Minute die Versetzung zu ergattern und in das ersehnte Paradies zu gelangen: Francavilla! Vollkommene Freude, die jedoch vergänglich war. Die Zeit verstrich schnell, der August ging dahin, und der September war der

Anfang vom Ende. Und dann, unerbittlich: *Goodbye to summer!* Der tränenreiche Abschied, gemildert einzig und allein durch den Gedanken an die Rückkehr: auf Wiedersehn im nächsten Jahr. Ein schöner Ferienreigen: dieser Walzer der Reise, des Spiels, der Abenteuer ist ein hochheiliges Recht der Kindheit. Ferienorte, Garten Eden, Paradiese, die man erst verlor, nachdem man sie besessen hatte. Die Ferien tun der Seele wohl, oder wie man es sonst nennen mag: dem Herzen, der Persönlichkeit, dem Unterbewußten, oder wie man eben will. Ferien tun gut, stärken mit Vergnügungen, Erinnerungen, Gefühlen – einem ganzen Gewebe von Bildern, Tönen, Geruch und Geschmack.

Pfirsiche, Pflaumen, Auberginen, Schokoladeneis mit Sahne, Fischsuppe, grüne Pastetchen von »Cesarino«, Frappé all'Alchermes, Sahnepudding, Halbgefrorenes mit Erdbeeren, Sauerkirschkompott, am Fluß Alento gestohlene Brombeeren, Feigen mit süßem Fleisch, Meeresfrüchte, Algen, die Pineta. Und in den Villen der Geruch von Wachs... Und Coty, Chanel und Soir de Paris...

Das »Caffé della Sirena« war das Herz von Francavilla. Alles fand sich dort: Kinder, Mütter, Pokerspieler, Intrigen, Liebende, Verlobte, Scherze. Lärmend spielten wir Kinder auf dem Platz. Der Himmel wechselte die Farbe. Weiß und zart ging die Mondsichel am blauen Himmel auf, der sich allmählich lila färbte, zyklam, blauviolett und in vielen Abtönungen immer dunkler wurde bis zum Tiefblau. Bei Sonnenuntergang, wenn die Vögel in Scharen über unsere Köpfe hinwegflogen, erreichte unsere lautstarke Kinderfröhlichkeit ihren kreischenden, ohrenbetäubenden Höhepunkt. Die Vögel, freudezwitschernd wie wir, stimmten mit ein. Und alle miteinander störten wir das Damenorchester.

Das unvergeßliche Damenorchester, und neben den Cafétischchen die elegant geschwungenen Lampen, deren Bambusschirme mit rosa Seidentüchern bezogen waren.

Die Geigenspielerin gab den Takt an. Sie klopfte auf mit dem bestrumpften Fuß in der silber-goldenen Chanel-Sandalette, und die »Damen« auf dem Podest setzten graziös zum Spielen an. Chiffon, Voile, Taft, Blüten, Kämmchen, Herzmündchen, verführerisch schwarz betonte Augenbrauen, geschminkte Schönheitspunkte: Hingebungsvoll spielten sie, damenhaft und romantisch, mit Violine, Klavier, Saxophon und Gitarre im Arpeggio ausgewählte Operettenweisen.

Marcel Proust hätte morgens beim Aufwachen keinen Zweifel über den Ort gehabt, an dem er sich befand: Die Motoren der Fischerboote, die schwebenden Strandgeräusche, der gebrochene Ruf des »Tellinaio«, der seine Meeresfrüchte einbrachte, das glühende Sonnenlicht, das durch die Läden drang, der Kaffeeduft, der sich mit dem des Meeres mischte, bedeuteten Ferien, Fest... Und Meer und Freude bedeuteten auch die kleinen Sandspuren, die wir Kinder trotz Bad und Dusche bis ins Bett hinter uns herzogen.

Und beim Erwachen auf der Stelle die unwiderstehliche Lust, an den Strand zu rennen und zu baden. Da ist schon jemand, der spielt, da ist schon die Sonne, das Meer, und ich lieg hier und schlafe, und wer weiß wie viele Abenteuer und Späße mir entgehen!

Und während ich von diesen Gedanken getrieben aus dem Bett sprang, hörte ich die Bäuerinnen, die morgens von Haus zu Haus gingen. Mit durchdringender Stimme boten sie frische Eier, Paprikaschoten, Pfirsiche, Feigen, Aprikosen und Auberginen an. Über einem gerollten Taschentuch hielten sie ihre riesigen Körbe trotz deren gewaltigem Gewicht auf den Köpfen im Gleichgewicht, was ihrem Gang eine stolze, königliche Anmut verlieh. Sie hatten schöne, nackte Beine, die erdhaft waren wie Wurzeln. Oft hingen ihnen zwei oder drei Kinder am Rock, lagen in ihren Armen, trugen manchmal auch Körbe, um der Mutter zu helfen. Wundervolle wilde, dunkle Augen. Animalische grüne Augen, die vor Neugier glänzten. Wir blickten uns an wie kleine Tiere. Abweisend, feindselig, wie nur Kinder sein können, damals zudem getrennt durch soziale und kulturelle Barrieren, und dennoch fasziniert von den anderen kleinen Tieren. Wir lugten hinter der Tür hervor und sie hinter Mammas Röcken, während der Kauf abgehandelt wurde. Die wenigen auf die Hand gezählten Münzen wurden eingebunden in ein Bauerntaschentuch, das sie sich in den Busen steckten. Dann wurden die Zipfel nach innen gebogen, und mit kräftiger, anmutiger Bewegung setzen sie sich wieder den wohlduftenden Korb auf den Kopf. Die Taschentücher, die ebenfalls zur Tracht gehörten, waren rot-weiß oder blau-rosa, mit schönen, fröhlichen Mustern.

Francavilla war voller Persönlichkeiten, und einige davon waren uns Kindern besonders lieb. Avvocato

Ciarletta kam hin und wieder in seiner heiteren Eleganz an den Strand gerollt, mit dieser Klasse, die nur den kleinen Fetten eigen ist. Die, wie man weiß, wenn sie es wirklich sind, die elegantesten Menschen der Welt sein können.

Er trug Anzüge aus braunem Leinen, einen schönen Panamahut und ein Bambusstöckchen wie Charlot.

Er nannte mich »Persichella«, was soviel wie kleiner Pfirsich bedeutet. Wir Kinder umsprangen ihn wie die Kätzchen, weil er uns stets Sahnebomben kaufte. Diese göttlichen Sahnebomben verbot Mamma uns immer. Sie fand sie zu schwer für uns Kinder, sie bargen die Gefahr der Magenverstimmung, da wir unablässig im Wasser waren. Der übliche Hohn: Das, was man am liebsten mag, tut einem nicht gut – weiß der Himmel, warum. Man nehme nur die Schokolade, vor allem die mit Nüssen. Könnte sie nicht der Abmagerung dienen, leicht und belebend sein, ohne Kalorien und gut für die Leber? Na denkste! Das wäre zu einfach, meine Lieben. Das, was schmeckt, birgt Gefahren, und wenn man nicht daran stirbt, wird man zumindest dick davon.

Viele Jahre später, während des Krieges, träumte ich von diesen Sahnebomben... Ein libidinöser Traum, der höchste aller Genüsse, »Ejaculatio praecox« – wiederkehrender Traum verzehrender Lust in jener Zeit des Hungers.

In Francavilla lebte ich wahrlich wie eine kleine Maus im Käse. Und auch dort war ich von klein an nicht zu halten. Ich verübte die tollsten Streiche. Schändliche Unternehmungen, die als Skandale in die Familienchronik eingegangen sind. Ich beschränke mich hier darauf, nur eines jener vielen Abenteuer zu erzählen, eines der ersten, die unter der Rubrik »50 cm über dem Boden« eingeordnet wurden. Womit man ganz ohne Zweifel auf meine Größe anspielte...

Die Entdeckung des glühenden Zorns

Er weinte wie ein Schloßhund. Schon von weitem hatte ich ihn durch das Gartentor gesehn. Er war verzweifelt.

Mamma lief ihm entgegen. »Enrico... Was ist passiert? Warum weinst du?... Was hat man dir angetan?«

Enrico, winzig und untröstlich, weinte und schwieg. Ich begriff auf der Stelle: Es mußte sich um diesen verdammten Helm handeln!

Jedes Jahr, bevor wir ans Meer fuhren, machte Mamma wie alle Damen der guten Gesellschaft die Einkäufe für die Sommergarderobe. Für ihre und unsere. In jenem Jahr hatte sie Enrico einen Forscherhelm gekauft. Ihr hatte die Idee gefallen, ihm statt einer dieser Matrosenmützen aus weißem Baumwollstoff, die man den Kindern zum Schutz vor der Sonne aufsetzte, einen Forscherhelm zu kaufen. Doch als Enrico bei den Freunden am Strand auftauchte, erwies der Helm sich als Desaster.

»Tipo-Tapo l'esploratore, Tipo-Tapo l'esploratore!« (esploratore = Forscher)

Wer weiß, warum sie ihn alle miteinander mit diesem komischen Spitznamen aufzogen. Ich fand ihn schön, ich wäre gerne »Tipo-Tapo l'esploratore« gewesen. Aber Enrico nahm ihn übel. Dieser Spitzname brachte ihn außer sich. Ihm zitterten die Lippen, die Tränen stiegen ihm in die Augen. Und je wütender er wurde, um so heftiger verspotteten ihn die Freunde.

Früher oder später mußte das böse enden. Und so geschah es auch: Sie hatten sich geprügelt, und Enrico war unterlegen. Ihm das aus der Nase zu ziehen, war für Mamma kein leichtes Unternehmen. Stundenlang mußte sie ihn in den Armen halten, liebkosen, trösten, ihm die Tränen trocknen, ihm mit ihrer lieben, sanften Stimme zärtliche Worte sagen, die nur sie zu finden wußte: »Mein armer Kleiner... mein lieber, armer, armer Kleiner...«

Köstliche Salbe für die Wunden, du fühlst dich verstanden und getröstet, verteidigt gegen die furchtbaren Ungerechtigkeiten dieser Welt. Liebkosungen sind die Zuckerplätzchen des Lebens, wie das Wiegenlied, der Mutterschoß, das Kuscheln, die sichere Zuflucht an der Brust der Mamma. Es ist schrecklich ungerecht und auch gefährlich, daß die Erwachsenen sie aus ihren Ritualen verbannen wollen. Und man soll mir ja nicht damit kommen, daß andere Riten – Liebesleute-Ehefrau-Ehemann – sie zu ersetzen vermögen. Gegen Frustration, Enttäuschung, die vielen Beleidigungen, Wunden und Demütigungen... hilft keine Psychoanalytiker-Couch, sondern eine liebe, warme Amme, die dich in dem Arm nimmt, dich wiegt, dir zärtliche Worte ins Ohr flüstert, bis du in heftiges, selbstmitleidiges Weinen ausbrichst, das alle Schmerzen und Neurosen mit einem kräftigen Naseschneuzen enden läßt.

Und so saß Enrico, der Glückliche, an jenem Tag auf

Mammas Schoß. Ich angespannt hinter dem Stuhl, zitternd vor Mitleid und Entrüstung. Ich liebte ihn leidenschaftlich, meinen Bruder mit den blauen Augen. Als ich ihn so weinen sah, begann ich jenen erregenden Geschmack des uralten »Auge um Auge, Zahn um Zahn« im Mund zu spüren. Ich konnte es nicht ertragen, daß irgend jemand Enrico etwas antat. Kaum hatte Enrico unter Tränen einen Namen gestammelt, den eines nur wenig größeren Freundes, da war ich schon Robin Hood, Spiderman, Flash Gordon und »La Piccola Vedetta Lombarda«. Ich schlüpfte in den Garten, öffnete mit Mühe das Tor und verließ zum ersten Mal allein das Haus.

Mich bewegte nur ein einziger Gedanke: Rache.

Machen wir uns nichts vor: Jedermann weiß, daß Kinder keine Kinder sind, sondern Erwachsene, die noch nicht groß geworden sind. So, wie wir, die sogenannten Erwachsenen, nur große Kinder sind, denen man leider nicht mehr die beruhigende Bezeichnung »Kinder« geben kann, die hingegen schrecklicher, blutiger Leidenschaften fähig sein können, heftiger, eines Samurais würdiger Empfindungen.

Erfüllt von finsterer Wut und deshalb schwankend auf meinen kleinen Beinen, kam ich auf dem Piazzale della Sirena an.

Niemand beachtete mich. Unsere kleine Villa befand sich gleich dort, gegenüber dem Café. Der Platz war das Höchste vom Höchsten, Treffpunkt für alle und jeden. Dort, inmitten dieser Esplanade, die mir, die ich winzig war, sehr riesig erschien, blickte ich mich um. Am Geländer sah ich eine Gruppe von Kindern, die sich miteinander unterhielten. Ich ging näher heran und erkannte ihn, den etwas größeren Freund, der Enrico verprügelt hatte. Er saß dort, auf der Eisenstange des Geländers. Ließ die Füße in Richtung Strand baumeln, lachte und sprach mit den anderen. Sein kleiner Hintern wölbte sich zum Platz. Ohne daß irgend jemand mich bemerkt hätte, war ich hinter den Kindern angelangt. Er, das gemeine Aas, trug eine weiße Matrosenmütze und einen rot-blaugestreiften Badeanzug. Der verhaßte kleine Hintern befand sich genau auf der richtigen Höhe. Der Zorn verlieh mir gigantische Kräfte. Ich schlug ihm meine Zähne ins Fleisch. Nein, ich kann nicht sagen, daß ich ihn biß. Ich schlug ihm meine Zähne mit einer solchen Wucht ins Hinterteil, daß ich ins Fleisch eindrang – meine kleinen Schneidezähne senkten sich in dieses zarte, verhaßte Fleisch. »Auaaaaaaaaaaaa! Auaaaaaaaaaa! ...«

Er heulte und schrie schlimmer als Amalia Rodriguez in einem tieftraurigen Fado! Schlimmer als ein betrogener verliebter Andalusier, der im Wettbewerb mit Hunden und Wölfen, die den Mond anjaulen, seinen Zigeunerschmerz in den Wind heult!

»Auaauaauaaaaaaaa«, schrie er verzweifelt. Und meine Freude à la Robin Hood, Spiderman, Flash Gordon etcetera erreichte einen ebensolchen Höhepunkt.

»Auaaaauaaaaaaaaaaaa!«

Was ist denn los... was hast du?...«

»Wer war das?... Wer war das?... Mamma!... Wer war das?«

Gepeinigt von dem starken Schmerz, war er vom Geländer gesprungen und hüpfte herum, zusammen mit mir, die ich an ihm festhing. In diesem ganzen Chaos von Heulen und Kreischen ließ ich nicht ab von dem schönen weichen Fleisch. Mit unerbittlichem Rächerbiß waren meine Zähne tatsächlich voll eingedrungen. Aber bisher war noch niemandem klargeworden, daß dieses kleine Geschöpf, das hinter seinem jugendlichen Opfer hersprang, der Grund für die Tragödie war.

Dann entdeckten sie mich: »Das ist doch nicht möglich! Das ist der Floh! Sie hat ihn gebissen... sie hat ihn schlimmer gebissen als ein Hund... Laß los... laß los...«

Aber ich ließ nicht los. Durcheinander, Zerren und Schreien, aber ich ließ nicht locker, mit zusammengepreßten Zähnen, schmerzendem Kiefer und mit einer Kraft, von der ich selber nichts ahnte. Hätte ich stärker gezogen, hätte ich ihm das Fleisch herausgerissen. Jede Bewegung veranlaßte ihn zu neuen, durchdringenden Schmerzensschreien.

Man versuchte, mir den Mund zu öffnen.

»Pozz' 'ezz' accisa... Laß los...«

Rund um mich herum zerrte man, schüttelte man mich, aber ich ließ nicht locker.

»Auaaaaaaaaaaaaaaaaaaaa!«

Es wäre mein größter Wunsch gewesen, mit einem Ruck dieses Stück feindlichen Hinterns herauszureißen und Enrico als Geschenk darzubringen. Doch eine gewaltige Ohrfeige öffnete mir schließlich die Kiefer. Ich erinnere mich, wie sie dann alle miteinander in die Apotheke drängten. Auch die Apotheke befand sich am Platz: Hier wurden immer die Abschürfungen verbunden. Die verzweifelte Mutter des

Opfers, meine Mutter, die gar nicht wußte, wie sie sich entschuldigen sollte, der weinende Junge, der mich mit sonderbar verschreckten Augen ansah.

Er mußte genäht werden. Alle starrten mich verblüfft an. Ich war stolzdurchdrungen! Dann kam Enrico. Ich hatte es für ihn getan, ich hatte ihn gerächt! »Ja, spinnst du denn? Jetzt meinen alle, ich hätte mich bei Mamma ausgeweint und einen Winzling wie dich vorgeschickt. Ich stehe jetzt vollkommen blöde da! Hau ab! Mach dich weg! Hau bloß ab, immer diese Weiber...«

Und er ließ mich mit meiner Heldentat, meinem Sadismus, meiner Flagge und meinen Robin-Hood-Träumen allein im Garten zurück.

Es gab dort einen runden Brunnen aus rötlichem Stein, samt Wasserstrahl und Goldfischen. Ich setzte mich auf den Rand des Brunnens, und mir war nach Weinen zumute. Ich kam mir lächerlich vor. Die Welt war ungerecht, und ich hatte keine Lust mehr zu spielen. Doch dann erblickte ich mein verbissenes Gesicht, das sich im Wasser widerspiegelte. Ich war so häßlich und albern mit diesem Schmollmund, daß ich lachen mußte. Unter Lachen und Weinen blieb ich eine Weile so sitzen. Dann zuckte ich die Achseln und ging auf die Jagd nach einem Goldfisch.

Piazza Adriana

Ich war noch sehr klein, als nur hundert Meter vom Haus entfernt, rund um Castel Saint'Angelo, die Engelsburg, ein großer, quadratischer Platz angelegt wurde. Man grub entlang der Umfassungsmauern und pflanzte Pinien auf den Erdwällen. Um dort hinzukommen, mußte man die Treppen hinuntersteigen, bis hinab in die Gräben und in die Gänge, die alten Wege der Wachen, und dann gelangte man endlich in den eigentlichen Garten rund um das Kastell. Er war groß, mit zartgrünen Rasenflächen und einer schönen Statue von Cesare Augusto. Oben auf dem Wall wiederum befand sich der andere Garten, der an den Spazierweg auf der Wehrmauer grenzte. Am spannendsten war jedoch der uralte Wachgang zwischen dem unteren und dem oberen Garten.

Rings umgeben von großen, dunklen Steinen. Von hier aus konnten früher die Streifen, denen die Mauer bis an die Brust ging, den äußeren Graben übersehen, den ganzen Bereich rundum und die Zugbrücken. Der Gang verlief entlang der gesamten Befestigungsmauer, und im Fall des Angriffs wurde er zum Schützengraben. Er war wunderschön. Das Pflaster war abgenutzt von Jahrhunderten der Streifen und Rundgänge, der Langeweile zahlloser verlorener Schritte, kalter Nächte und ungenutzten Vollmondscheins. Wie viele Schweizer Garden und wie viele unglückselige Vatikanbewohner mögen so, als Wache für den Papst, ihre schönsten Jugendnächte verschenkt haben. Bedeckt von einer feucht-fauligen, grünsamtigen Schicht, war der Gang nunmehr eine weitläufige Bedürfnisanstalt und strömte einen intensiven, dumpfen Geruch aus.

Die Latrinen, schmiedeeisern gekennzeichnet oder auch nicht, aus krudem faschistischem Zement oder aus dem öden Plastik der heutigen Zeit, von Dichtern und Literaten besungen, leben vor allem von den Gerüchen. Römischen, mailändischen oder neapolitanischen Gerüchen, die sich von Natur aus schon sehr voneinander unterscheiden und wiederum wenig mit den Pariser Pissoirs gemein haben.

Bei den Franzosen, die Zwiebeln und Rindfleisch lieben, strömen diese »Pinkelmäler« einen ganz charakteristischen, scharfen Geruch aus, und das macht es für die Pariser Erotomanen besonders erregend, in den Pissoirs »Liebe zu machen«. Die in London hingegen, von Knoblauch- und Hammelgeruch durchdrungen, inspirieren zu intensiven masturbatorischen Phantasien, sind aber nach Aussage von Experten weniger erotisch. Wie es heißt, müssen die WC-Ausdünstungen in den Kasernen der königlichen Wachen von Interesse sein, da diese traditionell hervorragendes Essen bekommen. Dank seiner jahrhundertealten Tourismustradition hat Rom in dieser Hinsicht eine Reihe von bemerkenswerten Orten aufzuweisen, die von angeregtem und anregendem Besuch zeugen. Ein Beispiel sind die schrecklichen Mauern, die den wunderschönen Tiber in einen anonymen Kanal verwandelt haben. Auf diesen samtig-schlüpfrigen Stufen, die vom Dammweg oben zum Wasser hinabführen, lädt das Industriezeitalter heute seine Abfälle ab, Spritzen und ähnliches – wenn man sich endlich entschließen wird, die Drogen in den Apotheken für wenig Geld zu verkaufen, wird es wie immer zu spät sein –, aber lange Jahre lebte und gedieh hier im schützenden Schatten der Gemäuer eine schöne, volkstümliche Unterwelt der Gerüche, jene der mediterranen Gerichte, die je nach der Jahreszeit wechseln. Im Frühjahr fand man den Nachgeruch von Spargel, im Winter den von Broccoli und gegen Ende Februar den von Artischocken. Neugierige und anspruchsvolle Nasenlöcher, die der Dichter, der Sadomasochisten und der Gastroerotomanen, wissen in dieser Mischung von Gerüchen, dank der verborgenen, geheimnisvollen Weisheit des Eros, auf der Suche nach immer neuen Erregungen Schafskäse und Feigen, Erdbeeren aus Nemi und die großen Kirschen aus dem Maccarese zu erschnüffeln.

Aber kehren wir nun zurück zum Kastell und zum Wachgang. Dunkelhaarige, schnauzbärtige Karabinieri patrouillierten dort bei Sonnenuntergang, kontrollierten mißtrauisch die Pärchen. Das Kastell war mit dem Vatikan durch einen überdachten Gang verbunden, ein ehemaliges Aquädukt. Das Fort, das ehemalige Grab Kaiser Hadrians, das runde, düstere Castel Sant'Angelo, war für die Päpste in Zeiten des Angriffs stets die letzte Zuflucht gewesen. Wenn die Hunnen, die Goten und die Vandalen kamen, wechselte der Papst vom Vatikan in den Schutz dieser

Mauern. Ich stelle mir vor, wie er mit hochgeraffter Soutane diesen Hochgang entlanglief, atemlos und mit verrutschter Tiara, blaß vor Angst auf seinen berühmten bestickten Pantoffeln dahinzockelnd.

Dort oben waren die Terrasse und die Stufen, von denen aus sich Tosca in den Tiber gestürzt hatte, pyramidenartig aufgetürmte Steinhaufen, Zugbrücke, Tore und Türchen. Wir Kinder konnten hier träumen und uns vergnügen. Wir spielten hier alberne Spiele wie Ringelreihen, Kästchenhüpfen und Abzählen, aber auch solche, wie ich sie liebte: bewegte Abenteuerspiele.

Luce

An der Piazza Adriana wohnte damals Marinetti. Ich hatte zu Hause gehört, wie Papa über ihn sprach. Wie für viele Bürger des Mittelstandes war für ihn der Futurismus ein Spottobjekt. Man machte sich lustig über die provokativen, avantgardistischen Aufführungen, wenngleich sie die Zustimmung Mussolinis fanden.

Enrico und ich freundeten uns mit Marinettis Töchtern an, drei kleinen Mädchen mit wunderschönen Namen: Ala, Vittoria und Luce.

Eines Tages sah ich ihren Vater in der Tür seines großen Arbeitszimmers. Lächelnd sah er uns zu – wir waren ein lärmender kleiner Haufen. Trotz seinem Lächeln erschien er mir besorgt. Er war in Ungnade gefallen oder in die Opposition gegangen, mit Gewißheit hatte er Schwierigkeiten mit dem Regime. In meiner oberflächlichen kindlichen Sensibilität spürte ich seinen Kummer. Ich war noch sehr klein, und zum ersten Mal hatte ich das Haus eines Künstlers kennengelernt, eines unbürgerlichen Intellektuellen. Weder ahnte ich etwas von der Persönlichkeit dieses Mannes, noch konnte ich sie begreifen. Aber ich spürte, daß er anders war, zutiefst antikonformistisch. Die Spießer lachten über ihn, weil er ihnen

Angst machte. So, wie es früher den Verrückten geschah, deren Hellsichtigkeit man fürchtete. Nachts im Bett dachte ich manchmal an diesen Mann mit dem Monokel und dem Schnauzbart. Der Künstler, der Eigenartige, der Traurige. Ich verband ihn mit dem Froschkönig, der anders war durch Zauber. Er schüchterte mich ein, und er gefiel mir, weil er sich von allen anderen Erwachsenen so sehr unterschied.

»Nein... Bitte nicht... Nein! Ich will nicht! Ich will nicht...«

Du mußt... Du hast es versprochen...«

»Aber man sieht uns...«

»Nein... Komm... Komm...«

Die kleine Blonde, zitternd und puterrot, wurde in den alten Wachgang hineingezerrt. Erregt wehrte sie sich...

Erinnerst du dich an diesen Gang, Luce?... An diesen Jauchewinkel, der uns anzog wie der Brunnen der Sünde? Du sträubtest dich: »Nein! Ich will nicht! Ich will nicht!«

Aber die frechen, respektlosen Hände blieben beharrlich und zogen den Rock hoch, den du mit verschämter Geste vergeblich festzuhalten versuchtest. Und dann wurdest du in diesen nach Moder und Sünde stinkenden Dreckhaufen geworfen und mußtest es mit unterdrücktem Schluchzen erdulden. Und endlich kamen die beiden Pobacken zum Vorschein. Weiße Tauben, wie für Oscar Wilde die Füße von Prinzessin Salomé. Armes geliebtes Genie! Zwei Tauben. Zwei Monde. Ein kleiner roter Pickel störte die weiße Reinheit... Es ging nur darum, sie zu entblößen. Und du fühltest dich vergewaltigt. Und im Grunde warst du es auch... Luce... Wo magst du heute wohl sein?... Du wirst Kinder haben, groß und strahlend wie du... Und diese kompromittierende, beinahe erotische Geschichte ärgert dich vielleicht. Aber wenn du dich erinnerst, dann weißt du auch, daß nicht nur du, sondern wir Kinder alle reihum unsere kleinen Hinterteile zeigen mußten, um das Pfand zu bezahlen...

Schamlos oder verschämt machte jeder diese Demütigung durch. Sancta simplicitas... Reinheit... Zweideutigkeit... Niedertracht!

Ala, Luce, Vittoria. So fern. Sehr fern. Und doch sehr lebendig. Vielleicht, weil ihr schön und blond wie eure Mutter wart, genial wie euer Vater. Ich weiß es nicht. Und heute? Gewiß wird etwas in euch noch von diesem revolutionären, bahnbrechenden Künstler sprechen. Auf irgendeine Weise wird jener Marinetti in euch weiterleben, der das bäuerliche kleine Italien mit einem elektrisierenden, aufrüttelnden, erregenden Blitz durchfuhr, der den bärtigen, professoralen Akademismus verhöhnte. Etwas von ihm tragt ihr zweifellos in euch. Ich erinnere mich – ein Traumrest – an euer schönes Haus an der Piazza Adriana. Eine elegante Dachwohnung mit großer Terrasse gegenüber der Engelsburg. Ich erinnere mich an ein großes Bild. Seltsam und verblüffend für meine kindlichen Augen. Es zeigte eine von oben gesehene Treppenflucht, schien Stilisierung und war doch Realität: präzise, rechteckig, eine Perspektive von energischer Geometrie.

Mein alter Freund vom Planet Mongo

Piazza Adriana war der wundervolle Garten meiner Kindheit, weil wir, die Familie Wertmüller, gleich nebenan in der Via Crescenzio 42 wohnten, 2. Stock, Wohnung Nr. 3. Im gleichen Appartement befand sich auch Papas Anwaltskanzlei.

Via Crescenzio war eine schöne, herrschaftliche Straße mit viel Grün. Sie führte vom Justizpalast zum Vatikan, und die Häuser waren zum Teil von Cavaliere Arcangelo erbaut worden.

Die Wohnung gehörte uns nicht. Der finanzielle Niedergang nach dem Tod des Großvaters hatte die Familie Wertmüller von Eigentümern in Mieter verwandelt. Hausbesitzerin war die Marchesa Pallavicini. Von ihr sind mir nur noch vage Eindrücke geblieben. Hütchen, Schirmchen, Schleierchen, lila und malvenfarben. Eine Dame, die in der Ferne die Straße entlanggeht, und irgend jemand, Mamma vielleicht, zeigt sie mir. In der Etage über uns wohnten Nilla und Chicco Mantovani, zwei Kinder, mit denen Enrico und ich uns auf der Stelle anfreundeten. Nilla wurde meine Busenfreundin. Meine erste.

Nilla und Chicco hatten eine Terrasse, wo wir Indianer, Gangster und selten auch die »Damen« spielten, da weder Nilla noch ich viel für romantische weibliche Phantasien übrig hatten. Wir waren zwei echte Strolche. Nilla, sympathisch, schön, mit großen, grünen Augen, war bei Prügeleien über die Maßen behende. Sie brachte mir die gemeinen, äußerst schmerzvollen Tritte gegen das Schienbein bei. Chicco war nicht weniger ungebärdig. Ihm fehlten die beiden Vorderzähne, und aus diesem Fensterchen ließ er Spötteleien und Drohungen hageln.

Gemeinsam entdeckten wir die Welt der Cartoons. Signor Bonaventura, Held der Comics von Sergio Tofano. Absonderlich und elegant: weite Hosen, wie angegossen sitzendes Fräckchen, eingedrückte Melone und ellenlanger Dackel.

»Hier beginnt das Abenteuer des Herrn Bonaventura...« Tofano machte zusammen mit seiner Frau Rosetta köstliche Zeichnungen, Stil Art Déco. Die Abenteuer Signor Bonaventuras im *Corriere dei Piccoli* endeten unweigerlich mit der rettenden Ankunft eines Millionenlirescheins, aber in Wirklichkeit war der arme Bonaventura ein echter Pechvogel. Da er ein sympathischer, eleganter Dummkopf war, ohne Arg und Unternehmungsgeist, mußte ihm stets das Glück aus der Klemme helfen. Tofanos eleganter Pessimismus konnte zweifellos keinen positiven Helden ersinnen... Deshalb war nicht er mein Liebling – auch nicht die beiden überaus sympathischen New Yorker Arcibaldo und Petronilla.

Mein Freund war Mickymaus. Seine Minnie hatte einen schwierigen Charakter, war übelnehmerisch, unabhängig und konformistisch, doch wenn es darauf ankam, war sie an seiner Seite, nahm jede Gefahr auf sich und bereitete ihm zur Belohnung dann köstlich duftende Torten, die sie zum Abkühlen vor die hübschen Schiebefenster stellte. Manchmal ging ich zu meiner Großmutter in die Küche, zeigte ihr den Comic und bat sie, den Kartoffel- oder Reisaufläufen die Form dieser Torten zu geben.

»So ein Unsinn! Diese Heftchen verwirren euch nur den Kopf mit amerikanischen Albernheiten!«

Großmutter Angelina hatte recht! Ich träumte von einem Häuschen mit Garten, wie Mickymaus es hatte, in einer großen Stadt voller kleiner Villen, mit schattigen Alleen, Briefkästen, Gartenzäunen, die man sonntags morgens weiß anstrich, nachdem man mit einem rundbäuchigen roten Rasenmäher die Wiese geschnitten hatte. Das Radio, aus dem sie die Nachrichten hörten, er in seinem Häuschen und Minnie in dem ihren – mich beeindruckte die Unabhängigkeit von Minnie, die allein lebte –, war ein wunderschöner Kasten mit drei Knöpfen, aus dem die Musik in Form von Noten kam, die auf angedeutete Linien gezeichnet waren. Für gewöhnlich stand es unter einer hübschen Lampe mit einer Kette zum Anknipsen.

Mickymaus trug kurze, kindliche Hosen. Minnie hingegen prunkte mit modisch schwingendem Pünktchenkleid, margeritengeschmücktem Hütchen und vor allem den riesigen Schuhen mit Absatz, in denen ihre Füßchen ebenso unsicher schwammen wie die meinen, wenn ich heimlich vor dem Spiegel Mammas Schuhe mit den hohen Absätzen probierte. Auf eben diesen Bildern sahen wir die ersten Bluejeans, und die trug Goofy! Der dämliche, schwachköpfige

Freund, der zusammen mit Gustav und Clarabella die Gruppe komplett machte. Die einzige Sache, die mir nicht runterging, war Pluto. Ich fiel damit Mamma und meinem Bruder Enrico auf die Nerven:

»Pluto ist ein Hund und lebt auch als Hund, aber warum lebt Goofy, der auch ein Hund ist, als Mensch?«

»Ach geh, nerv mich nicht mit solchen dummen Fragen.«

Und sie schickten mich weg. Aber sie wußten es auch nicht.

Und Kater Karlo, der tolle Bösewicht? Pirat und Säufer, niederträchtig und grausam, tückisch und dumm, gemein und liederlich. In all diesen Jahren und durch Hunderte von Abenteuern hat Kater Karlo immer wieder Minnie umworben, versucht, sie zu verführen, zu erobern, zu heiraten. Eine echte große Liebe. Um Mickymaus zu retten, ließ Minnie sich küssen, entführen, setzte auf die Liebestollheit des alten Schurken und versprach dem Bösewicht manchmal sogar ihre Hand, nur um ihn dann an der Nase herumzuführen.

Aber vor allem Flash Gordon ließ mich in Hochspannung zum Laden der Wunder, dem Zeitungskiosk, stürmen. Alex Raymond, phantasievoller Schöpfer anderer Welten, Autor, Filmarchitekt, Kostümbildner, phantastischer Regisseur, hatte ein amerikanisches Trio in einen frühen Krieg der Welten geschickt. Vielleicht täusche ich mich. Aber waren die Irdischen nicht alle drei Amerikaner? Ich erinnere mich nicht.

So, nun bin ich von der Schreibmaschine aufgestanden und habe nachgesehen. Ich habe noch die Originale, gesammelt in einem Album: Verlag Nerbini, Florenz.

Die Weltraumrakete des Doktor Zarro

»Sonderausgabe! Der Weltuntergang! Ein seltsamer Planet stürzt auf die Erde zu. Nur ein Wunder kann uns retten.«
In Afrika dröhnen die Trommeln ohne Unterlaß! In Arabien betet man zu Allah, er möge die Welt vor der Katastrophe bewahren! In New York studiert die Bevölkerung, von Panik erfaßt, entsetzt die Bulletins. Ein Wissenschaftler, Doktor Zarro, arbeitet Tag und Nacht daran, eine rettende Maschine fertigzubauen. An Bord eines Transatlantikflugzeugs reisen ein Polizeileutnant, FLASH GORDON und eine Passagierin, DALE ARDE. Das Flugzeug stürzt ab, und Gordon und Dale geraten in Zarros Laboratorium. Mit vorgehaltener Waffe zwingt er sie, in sein Raumschiff einzusteigen, und die drei starten in Richtung auf den Planeten, der die Erde bedroht... So beginnt das Abenteuer von Gordon, Dale und Zarro auf dem Planeten Mongo. Eine Geschichte zum Fingerlecken! Kaiser Ming war ein wunderschöner Chinese mit meterlangem Schnurrbart, superluxuriösen Gewändern und einer hinreißenden, zitronengelben Tochter, die verzogen, Tänzerin und ein wenig hurenhaft war. Sie hatte verblüffende Ähnlichkeit mit der Tochter eines amerikanischen Industriemagnaten. Meine Begeiste-

rung war grenzenlos, und sie ist ehrlich gesagt noch nicht verflogen. Phantastische Reiche, Wettspiele, neben denen die Spektakel in den antiken römischen Arenen zur Kaiserzeit Kinderkram waren. Reiche, die auf Lichtsäulen ruhten, mit wunderschönen, geflügelten Bewohnern, Harems mit bezaubernden Mädchen aller Hautfarben. Böse Königinnen mit Zauberkräften, die sich unsichtbar machen konnten. Zwerge und Meerjungfrauen, Riesen und Löwenmenschen, Wälder und Meere. Mischung aus technologischer Science-fiction und uralten Abenteuern und Mythen.

Für ihn, Flash Gordon, begeisterte ich mich gar nicht so sehr. Ich gestehe, der Typ junger, schöner, romantischer und athletischer Schauspieler hat mir nie besonders gefallen. Ich war immer mehr für Ironie. Zwischen einem Schönen und einem Sympathischen entscheide ich mich unweigerlich für den letzteren. An Flash Gordon faszinierte mich die Welt, die darin entworfen wurde. Übertrieben, außerhalb jeglicher Realität. Die einzigen alltäglichen Gestalten waren eben sie, Gordon, Dale und der Wissenschaftler Zarro. Gut und brav, moralistisch und sentimental. Hingegen faszinierten mich Vultano, der König der Falkenmenschen, Prinzessin Aura, die böse Königin Uraza, Prinz Barin. Sie schlugen nicht nur mich in den Bann, sondern meine ganze Generation. Sie waren die Lieblinge unter den Helden der Abenteuer-Comics: Spiderman, Mandrake, Lotar, Cino und Franco.

Wenn das Heftchen erschien, war Feiertag. Man kaufte es noch frisch aus der Presse. Auf der Stelle begann der Kampf zwischen Enrico und mir: Wir versuchten es uns gegenseitig aus der Hand zu reißen, um die erste Folge zu lesen. Ich war die Kleinere, und er gewann, aber ich hielt mich an das Prinzip: Wenn du schon nichts dagegen machen kannst, dann fall ihm wenigstens auf die Nerven. Ich quälte ihn, während er las.

Enrico, schön, blond, liebenswürdig, gut in der Schule, ein überaus frühreifer Künstler, war der Liebling der Familie. Lieb, aber auch ein Schlitzohr, rettete er stets Mamma, die immer ein Engel war.

Sagte man zu Enrico: »Gib der Signora einen Kuß«, war er sofort ganz artig, ließ sich nicht bitten, spitzte die Lippen und gab Küßchen, landete mit der Nase an der geschminkten Wange der Signora. Seine großen blauen Augen, die aufgrund einer faszinierenden Kurzsichtigkeit leicht melancholisch blickten, brachten die Herzen ganzer Scharen von Freundinnen der Familie zum Schmelzen. Er war der Erstgeborene und ein Junge. Natürlich erlagen auch Großmutter und Mamma seinem Charme. Bei uns zu Hause kursierte ein kleines Lied, das Großmama jedesmal sang, wenn ich wieder irgendeinen Unsinn angestellt hatte:

A Enricuccio che è tanto buono
tutti i popò, tutti i popò.
A Linuccia che è tanto cattiva
niente popò, niente popò.

(Für den kleinen Enrico, der so brav ist
alle »popò«, alle »popò«.
Für die kleine Lina, die so unartig ist
kein »popò«, kein »Popò«.)

Im familiären Sprachgebrauch verstand man unter »popò« Spielzeug, Süßigkeiten und Geschenke. Zum Glück habe ich nie unter Komplexen gelitten. Ich war die Kleinere, und mir war klar, daß ich tatsächlich die »Mindere« war. Ich sehe meinen glücklichen Charakter als ein Geschenk. Völlig extrovertiert, immer bereit hinauszuschauen und die anderen zu betrachten, die ich interessant, lächerlich oder faszinierend fand. Mein Leben erschien mir immer voller geheimnisvoller, faszinierender Abenteuer: Ich hatte keine Zeit, mich mit mir selber zu beschäftigen. Mit mir verbrachte ich den ganzen Tag. Die anderen bedeuteten für mich das Land der Entdeckungen.

O je o je... die Schulen!

Gleich nach Beendigung der Grundschule begannen die Verweisungen von der Schule! Ja, Stolz und Schmach meiner Jugend: Sage und schreibe vierzehnmal bin ich von der Schule geflogen. Aber waren es tatsächlich vierzehn Male? In Wirklichkeit ist die Zahl der Verweisungen eher ungewiß. Bis vor kurzem sagte ich mit Sicherheit: vierzehn, weil dies die Zahl ist, die in der Familie kursierte.

»Sei du nur still... Was willst du überhaupt... Dich haben sie aus vierzehn Schulen verwiesen!«

Dann setzte ich mich eines Tages zufällig hin, um Ordnung in meine Erinnerungen zu bringen. Schwierig! So viele komprimierte Jahre waren zu einer Art langem, kompaktem Schlauch geworden, und es ist sehr mühsam, die Erinnerungen voneinander zu trennen. Alle aufeinandergepreßt von der Zeit wie von Abwrackern zu Schrott gequetschte Autos – wer vermag sie zu greifen und wieder in ihren richtigen Ablauf zu bringen?

Eigentlich müßte man die Geschichte des eigenen Lebens schon in der Jugend schreiben, wenn sie noch frisch ist. Möglichst bevor man sie überhaupt gelebt hat.

Um es kurz zu machen: Ich habe diese berühmten

vierzehn Verweisungen zu rekonstruieren versucht und konnte mich ehrlich gesagt nur an fünf erinnern. Dann habe ich Mamma angerufen... »Aber sicher, Linuccia, erinnere ich mich, es waren sechzehn... Ja, sie haben dich immer hinausgeworfen, Schatz. Diese Dummköpfe... Sie haben dich einfach nicht verstanden, mein Liebes!«

Überflüssig zu sagen, daß ich für Mamma die Summe aller weiblichen Genialität war. Elsa Morante, Madame Curie, Madame de Staël, alle miteinander herausragend, aber: »Verglichen mit Linuccia...«

Doch Mamma ist eben Mamma! Sie ist das Höchste im Leben! Geht sie, geht ein wesentlicher Teil deiner selbst. Deine Kindheit, die Liebe, die Schönheit und die Zärtlichkeit, die dich umfängt. Die Wiege, die Höhle, die Brust, die Vergebung. Solange sie da ist, bist du vollständig. Danach bist du nur noch das, was von dir übriggeblieben ist. Sie nimmt für immer das Kind mit sich, ohne das von dir nur der Greis übrigbleibt. Ja, das ist ein zentrales Problem. Ich mit meinem übertriebenen Charakter und zutiefst im italienischen Süden verwurzelt, war immer ein leidenschaftliches Mammakind, und das kann einen zweifellos auch hindern, erwachsen zu werden.

»Jetzt lehre ich dich laufen«, sagte die Mamma, und, wie Muzi Loffredo es ausdrückt, der von den Müttern singt und schöne Filme über sie dreht, dann sperrt sie dich in den Laufstall und du verlierst vielleicht den Gebrauch deiner Beine...

Aber kehren wir zu meinen Schulen zurück. Sechzehn, sagte Mamma. Papa war völlig anderer Ansicht. Empört beharrte er: »Aber nie im Leben! Vier! Aus vier Schulen haben sie dich geworfen – keine mehr, keine weniger!...«

»Nein... Mamma und Papa erinnern sich nicht mehr... Von sechs Schulen bist du geflogen«, behauptete hingegen mein Bruder Enrico.

»Ich weiß es ganz genau, vertrau auf mich, es waren elf«, schwor eine alte Tante...

»Mindestens acht«, versichern mir die Freunde. Eins jedenfalls ist damit klar... Welche Zahl ich oder sonstwer in bezug auf meine Schulverweisung auch immer nennen mag – ich übernehme keinerlei Verantwortung! Ich benutze vielmehr die Gelegenheit, um alles zu leugnen, was ich bisher gesagt habe. Ja, vielleicht sind alle die Dinge, die ich bis hierhin erzählt habe, wahr, aber für mich ist es, als wären es Lügengeschichten, ist das klar? Wo ich mich nicht erinnere, erfinde ich. Drücken wir es einmal so aus. Lassen wir die Zahl also offen, sagen wir bloß, daß man mich aus vielen Schulen warf.

Aus den unterschiedlichsten und oft auch ziemlich lächerlichen Gründen: Quietschballons, Zungenfürze während der Lateinstunde, obszöne Zeichnungen in den Büchern meines Bruders, die man für meine hielt, und ähnliche Albernheiten.

Mein schwieriges Verhältnis zu den himmlischen Mythen

»... *Entrez, mademoiselle.*«

In weichem Französisch, das bei ihr dunkel und drohend klang, forderte die Oberin mich auf, in ihr Arbeitszimmer zu kommen.

Der Ort und die ganze Szene hatten etwas, das mir tiefes Unbehagen bereitete.

Langsam trat ich näher auf meinen kleinen Beinchen. Zehn Jahre mag ich gewesen sein. Ich war nicht mehr die graziöse »Cerasella«. Ich glich Jean Gabin, wenn man ihn schlecht fotografierte. Bloß war ich sehr viel häßlicher.

Ich war untersetzt, pummelig, unförmig. Die Riesennase à la Erich von Stroheim saß mächtig in einem kleinen Gesicht. Weil ich keine Brille hatte, waren die großen, kurzsichtigen Augen immer zusammengekniffen – kurz und gut, eine Katastrophe.

»*Venez, mademoiselle Wertmüller*...«

Sie war eine Art Prinzessin, schön, engelhaft, perfide, eisig vor lauter Heiligkeit und französischem Snobismus.

Die Schönheit der Nonnen entfesselt die Phantasie, läßt an unglückliche Liebesgeschichten denken, mystische, verzehrende Leidenschaften, dramatischen Verzicht, junggestorbene Verlobte. Erotik der geheimnisvollen Bräute Christi, umgeben von dunklen, üppigen Schleiern.

Sie saß hinter ihrem Schreibtisch. Ein Sonnenstrahl drang durch ein Fenster mit halbgeschlossenen Läden und zeichnete ihr vollkommenes, reines Profil klar in den Schatten. Äußerste Berechnung oder Zufall, dieser Einsatz des Lichts? Wer weiß es. Vielleicht übertrieb auch meine Kurzsichtigkeit die schreckliche Kraft dieses Bildes. Beunruhigende Schönheit, begrenzt von der geraden schwarzen Linie des Schleiers, davor die im Licht flimmernden Stäubchen.

Lina – Jean Gabin, der Schrecken der 3 B – war überaus kurzsichtig. Und verschwommene Bilder haben die Tendenz, sich sogleich zu überhöhen. Gewiß, ich spürte, wie mir die Beine zitterten. Langsam sah sie mich an, mit Augen, in denen der Schmerz geschrieben stand. Himmelblauen Augen, *ciel de Paris*, auch die Haut war hell, wie durchsichtiges Porzellan.

Wieso ich mich so gut an sie erinnere?

Teufel noch eins. Es war der erste richtige Prozeß, der mir gemacht wurde. Und daß der Großinquisitor so faszinierend war, nahm dem düsteren Drama nichts von seinem Schrecken. Sie war die Oberin. Unter den Zöglingen kursierte das Gerücht, sie sei adlig. Die Ärmste, wer weiß, was sie zu dieser mystischen Wahl veranlaßt hatte. Eine schwere, anspruchsvolle Wahl. Stolz, der die Gewänder der Demut nimmt. Oder vielleicht täusche ich mich auch, und es war der Ausdruck echter, glücklicher Lebensfreude. Ich weiß es nicht. Mir machte sie jedenfalls nie einen positiven Eindruck.

Ich war in diese Schule eingetreten, nachdem ich zum soundsovielten Mal von einer anderen verwiesen worden war: genauer gesagt vom Gymnasium Dante Alighieri, und man hatte mich nun als Externe in das Pensionat Maria Ausiliatrice gesteckt. Diese neue Schule war sehr vornehm. Morgens holte man uns um acht mit dem Autobus ab, und um sechs brachte man uns wieder nach Hause. Nilla Mantovani besuchte diese Klosterschule, und das veranlaßte meine Mutter, mich ebenfalls dort hinzuschicken. Obgleich wir nicht in die gleiche Klasse gingen, machte die Anwesenheit von Nilla, meiner heißgeliebten Abenteuer- und Schlachtgefährtin, das Maria Ausiliatrice zu einem spannenden Jagdrevier. Ich fühlte mich wohl dort, obwohl die offizielle Sprache Französisch war und die Klassen, die aus jeweils höchstens sieben oder acht Schülerinnen bestanden, mit unerträglicher Strenge überwacht wurden.

Sie, die Oberin, hieß, ich weiß nicht mehr: Marie Brizard oder Marie Thérèse de Lisieux, jedenfalls Marie irgendwie, und sie unterrichtete Religion. Am Tag vor dem Prozeß hatte ich eine Auseinandersetzung mit ihr gehabt. Starrköpfig und wütend hatte ich mich vor der ganzen Klasse dem Gedanken von der Willensfreiheit widersetzt.

»Wenn Gott, der nicht nur allgegenwärtig und allmächtig ist, schon alles weiß, bevor er uns erschaffen hat, dann wußte er auch, wie wir enden, und vielleicht sogar in der Hölle... Ich meine, die gesamte, vollkommene Freude der Seligen im Paradies kann den Schmerz nicht wert sein, den auch nur eine einzige Seele in der Hölle erleiden muß... Wenn Gott die

Welt nicht erschaffen hätte ... ich meine, wenn er dort niemanden hineingesetzt hätte, dann würde auch niemand leiden. Warum hat er die Menschen erschaffen? Damit sie ihn preisen? Welche Willensfreiheit läßt Gott dem Menschen, wenn er schon vorher weiß, wie es ausgeht? Trotz allen Wundern der Welt hat er sich mit den Menschen zumindest leichtfertig verhalten.«

Die Sache wurde natürlich als Sakrileg betrachtet. Während der Religionsstunde hatte *Mère* versucht, darauf zu antworten, mich wieder in Reih und Glied zu verweisen. Ungebildet und starrköpfig wie ich war, muß ich dieser aristokratischen Dame mit den vielen Schleiern überaus gewöhnlich erschienen sein.

Im Grunde machte das Abenteuer der Klosterschule mir Spaß. Der Autobus, der zweite Gang, den wir uns im Körbchen von zu Hause mitbrachten, ganz wie früher im Kindergarten. Bei den Nonnen bekamen wir nur den ersten. Ich haßte Suppe, und der Geruch von der, die es bei den Nonnen gab, erfüllte das ganze Treppenhaus, wenn wir zum Refektorium emporstiegen. Zum Glück packten mir die besorgten Herzen von Mamma und Großmama in die große englische Thermoskanne in meinem Körbchen alle köstlichen Leckereien, die ich gern aß: Mailänder Schnitzel mit Kartoffelpüree und Pilzsoße, Schnitzel mit Tomatensoße, Spinat und ausgebackenen Artischocken, und in einem anderen Thermosgefäß gaben sie mir auch die Süßspeise mit. Manchmal fand ich sogar zwei Nachspeisen, ganz so, als hätten Mamma und Großmama jede ohne Wissen der anderen ihre eigene hineingetan.

Nach und nach begann dieses Spiel mich jedoch zu

langweilen, und ich entdeckte die negativen Seiten. Klosterschule blieb immer noch Klosterschule, auch wenn ich um sechs nach Hause kam. Und außerdem durfte man selbst während der Freistunde draußen im schönen Garten nur Französisch sprechen, und meines brachte wirklich die Hühner zum Lachen. Außerdem war ich wegen der übertriebenen Disziplin auf den Barrikaden. Und als hätte das noch nicht gereicht, verstand ich mich auch nicht besonders mit meinen Mitschülerinnen. Um ehrlich zu sein – ich war eine wahre Pest. Dennoch hatte meine Lebhaftigkeit nichts Bösartiges, sie gefiel nicht, weil sie nicht in die herrschende Atmosphäre paßte. Die Schülerinnen dort im Pensionat, vor allem die größeren, lebten bereits in einer geheimen Welt voller abenteuerlicher Geschichten. Sie basierten alle auf einer Sache – mir, der kleinen Göre, die ich war, noch völlig fremd: der Liebe. In meiner Lausbubenwelt gab es keinen Platz für Süßholzraspeleien, und ihre Erzählungen ließen mich kalt. Eine der »Großen« hatte man beispielsweise durch ich weiß nicht welches Gittertor zusammen mit einem Studenten der Farnesina gesehen... Und das war als sündhaft verurteilt worden.

Die Schule der Farnesina galt damals als die Brutstätte der faschistischen Jugend. Sie bildete die Gymnasiasten weiter, und die Kadetten waren alle groß und sehr schön. Mithin entzündeten sich an ihnen die Mädchenträume.

Ein wenig neugierig geworden, warf ich ab und zu einen Blick in diese geheime Mädchenwelt. Aber es gab so viel zu spielen, zu rennen, es gab draußen so viele Abenteuer zu erleben, daß ich nicht begriff, wieso sich die Mädchen für diesen sentimentalen Unsinn interessierten. Zweifellos war das ein Altersproblem.

»*Entrez, mademoiselle.*

Man hatte mich gerufen, weil ich mich für ein schweres Verbrechen verantworten mußte. Kaum hatte ich mich niedergesetzt, zischte die Prinzessin-Inquisitorin es mir zu, und das mit einem Blick, der sich eisig in meinen Kopf bohrte. Zwei Himmelsausschnitte à la Magritte, schneidend wie Gilletteklingen.

»Es handelt sich hier um ein Sakrileg... *Vous, mademoiselle, vous vous rendez compte?*«

Sakrileg? Auf Französisch klang das »g« weich und sanft. Eine Sprache, die sehr viel besser zu einem Cancan paßt, pikanten Pariser Geschichten, schwarzen Strümpfen und Spitzendécolletés als zur Inquisition.

Für ein Tauschgeschäft hatte ich ein Buch eingeschmuggelt, das ich aus der Bibliothek meines Onkels geklaut hatte, da das Streifband mit der Aufschrift »Indiziert wegen Gefährdung der Sittlichkeit« meinen Blick auf sich gezogen hatte. Es hieß: *Quelle signore*, »Jene Frauen«. Ich hatte es nicht einmal gelesen... Das Leben der armen Straßenmädchen interessierte mich gar nicht. Ich hatte es lediglich verkauft, weil ich Geld brauchte, um mir drei »Wilde Saladini« zu kaufen, die ich dann gegen eine »Schöne Sulamita« eintauschen wollte.

Ja, es handelte sich um das Perugina-Album mit den gleichnamigen Gestalten. Ich weiß nicht, ob meine Leser von der Sammelleidenschaft wissen, die damals in Italien im Zusammenhang mit den Perugina-Figuren ausbrach. Alle miteinander waren wie verrückt danach. Nizza und Morbelli hatten eine vergnügliche Parodie der *Drei Musketiere* geschrieben. Sie war im Radio gesendet worden, und aufgrund des großen Erfolges hatte man dann ein Buch gemacht, ein Bilderalbum, und schließlich hatte sich eine nationale Manie daraus entwickelt. Die Bilder waren wunderschön, von Bioletto gezeichnet mit unvergeßlichen Gestalten. Piraten, Hollywood-Diven, Gangster und schwarze Mönche... es war alles drin. Sie hatten einen unglaublichen Erfolg und lösten eine Sammelmanie aus, schier jeder war darauf versessen, sie hatten sich zum allgemeinen Laster entwickelt. Wie ein Hoteldieb schlich ich nachts in die Bibliothek meines Onkels, um verbotene Bücher zu klauen. Ich brauchte Geld, und deshalb handelte ich mit verbotenen Büchern. Ich verkaufte sie teuer an die »Internen«, um mir dafür die heißgeliebten Perugina-Bildchen zu kaufen. Laster bleibt Laster, das ist nun mal so.

Scetateve guagliun' 'e malavital

»Dandaradadadadanda darararà. Da daradan daradan... dardan... Zum... Prapapapapa... Zum, paraparappappappà... Secetateve guagliùuun' 'e malavita...«

Die Stimme meines Vaters aus dem Bad. Er hatte sich noch nicht zu Ende rasiert. Papa machte immer sehr lange »Toilette«. Und die Sache war ein Problem, weil es bei uns natürlich wie in allen Häusern des Mittelstandes neben dem Dienstmädchenbad für die ganze Familie nur ein einziges Bad gab, obgleich es, wie in unserem Fall, von fünf Personen benutzt werden mußte.

Anwalt Federico war einer jener Süditaliener, die sich einer »langen Toilette« hingaben... Mannhaft erhob er sich im Morgengrauen gegen halb sechs, nur um das Recht zu haben, sich in aller Ruhe ins Bad einzuschließen und sich der langen und umfassenden Zeremonie der morgendlichen Waschungen hinzugeben, die stets begleitet waren von seiner schönen Tenorstimme, die für uns alle das Kikiriki war. An vielen, vielen Morgen meiner Kindheit wurde ich geweckt von dem »Dandarandà dandanradadadadanda... dararara. Da darandan daradan... dardan... Zum... Prapapapapapa zum paraparappappappaà...« des *Scetateve guagliùn' 'e malavita*«..., eines berühmten neapolitanischen Liedes.

Nonna Angelina hatte diesen Wecker nicht nötig. Sie stand als erste auf. Niemals wich sie ab von ihren Riten. Sie wachte auf, stieg aus dem Bett, sprach ihr Morgengebet, und sie war die einzige, der es gelang, vor meinem Vater ins Bad zu gehen, die sich niemals von seiner langen »Toilette« blockieren ließ. Ich war immer fasziniert vom Antistriptease meiner Großmutter, der aus all den alten Hemden ihrer Aussteuer bestand. Nie habe ich sie irgendetwas anderes tragen sehen. Es waren wunderschöne Hemden. Von ihr selbst auf dem kleinen Balkon in Ariano Irpino gestickte Nachthemden mit Spitzen und langen oder im Sommer mit kurzen Ärmeln – aus Baumwolle, Leinen, Perkal oder Batist mit bezaubernden Stickereien, auf denen vorne in Schnörkelschrift »Angiolina« geschrieben stand.

Zu jener Zeit schlief ich in einem Zimmer mit ihr. Sie war eine unglaubliche Frau, und ich war voller Haßliebe für sie. Auch weil sie einem Indianerhäuptling glich. Sie war etwa siebzig und hätte hervorragend die Rolle von Black Elk, Häuptling der Sioux, spielen können. Enrico und ich nannten sie Sitting Bull, Wild Horse oder auch Schwarzfuß. Wir waren stolz auf sie.

Ich glaube, ich verdanke es ihr, der Nähe zu ihrem großen, unbeugsamen Herzen, ihrer Würde, der unglaublichen Klarheit ihrer Werteskala, daß ich mir heute vorstellen kann, was das neunzehnte Jahrhundert gewesen sein muß: bärtig, bürgerlich, schrecklich.

Außergewöhnlich an ihr war die Methodik, mit der ihr Tag ablief. Die Organisation, die sie voll und ganz in der Hand hatte. Ihre Autorität war total, ihre Anmut sehr streng, und ihre überaus maßvollen Liebkosungen mußte man sich verdienen. Obwohl sie uns über die Maßen liebte, galt die Regel: »Mazza e panell fanno i figli bell« (Kinder muß man mit dem Stock erziehen, wenn etwas aus ihnen werden soll) – Kinder mußten gut erzogen werden und fertig. Einen zärtlichen Nasenstüber, einen Kuß von ihr zu bekommen, sich auf ihren Knien sitzend trösten zu lassen, war ein großes Privileg. Auch weil sie selten saß. Morgens, nachdem sie zusammen mit dem Hausmädchen das Frühstück bereitet, uns gewaschen, poliert und zurechtgezupft hatte, ließ sie uns vom Hausmädchen zur Schule bringen. Sie kümmerte sich indessen um die Wohnung, beaufsichtigte die Arbeit von Antonietta, einer hübschen, lockigen, ein Meter vierzig großen Dunkelhaarigen mit Ambitionen auf andere, unterhaltsamere Arbeiten, und von Genoveffa, die nachmittags ein paar Stunden im Haushalt half. Aber auch sie und Mamma arbeiteten den ganzen Tag. Nur nach dem Mittagessen machte Donna Angelina für zwei Stunden ein Schläfchen im Sessel. Am Nachmittag begannen dann die Näharbeiten. Man stopfte Strümpfe und flickte Bettücher. In dieser Hinsicht standen ihre Vorstellungen in totalem Kontrast zu denen von Mamma. Mamma arbeitete sehr viel, konnte Wunder vollbringen, aber nur in den unmöglichsten Unternehmungen. Wiederholtes, montones Gleichmaß stürzte sie in Krisen. So ähnlich wie mich.

Sie und ich waren mehr für die gigantische Anstrengung, das Übermaß an Arbeit, für die große Schlacht, auf die dann aber Erholung und Vergnügen folgen mußten.

Mamma kochte göttlich und nähte jahrelang liebevoll die schönste, eleganteste Garderobe für Enrico, mich und auch für sich selbst.

Aber die Methodik dieser militärischen Ordnung des vergangenen Jahrhunderts, der bis aufs letzte durchorganisierten Zeit der Großmutter konnte Mamma nicht akzeptieren. Im Tagesablauf der strengen Angelina gab es keinen Platz für Vergnügungen. Mariuccia hingegen, meine junge Mammarella, wollte leben, ausgehen, sich mit den Freundinnen treffen, spielen, sobald die Arbeit beendet war.

Großmutters einziges Vergnügen bestand darin, nach dem Abendessen die Zeitung zu lesen... Und am Sonntagnachmittag mit uns ins Kino zu gehen...

»Scetateve guagliùuun' é malavita!...«
Papa sang im Bad wie üblich.
Großmutter streifte ihre sieben Unterröcke über. Ich, im schönen, warmen Bett, wartete geduldig, daß die Reihe an mich käme... als ich plötzlich einen stechenden Schmerz im Bauch verspürte. Ich war neun Jahre alt.

Wunderbar! dachte ich... Ich habe Bauchweh!... Ich gehe nicht in die Schule... Und dann laut: »Nonna... Ich hab' Bauchweh...« »Ach nein... wer weiß, was du wieder gegessen hast... Zeig mir die Zunge... Hmmm... sieht aber nicht weiß aus... Blick mir in die Augen... du lügst auch nicht?«

»Nein, hab' ich ehrlich...«

Ich war ziemlich stolz darauf, tatsächlich Bauchweh zu haben. Aber die Nonna glaubte mir nicht.

»Na, na... komm, mein Kind... Auf, bock nicht, raus mit dir aus dem Bett, denn Papa... hörst du, er ist fertig.«

Tatsächlich erklang jetzt aus dem Bad das endgültige Finale des Liedes:

»Eeeee malavita... paparapararàa, zum!«

Was hieß, die Toilette war beendet, das Bad war frei.

Ich stand auf. Mit großer Enttäuschung mußte ich mir eingestehen, daß das Bauchweh vergangen war. Geschwunden wie Nebel unter der Sonne. Nicht mehr der allergeringste Schmerz. Dennoch war es tatsächlich dagewesen.

»Wirklich Nonna, jetzt tut's ein bißchen weniger weh... aber vorher hatte ich ganz starkes Bauchweh. Ja, wirklich stark. Ich schwöre es dir: bei deinen Augen.«

»Na, na... bei der Madonna... Du schwörst!... Was denkst du dir eigentlich... hier wird nicht geschworen... Willst du, daß ich blind werde?... Ich trag' schon eine Brille... Komm... Keine Schwüre... Los, auf, geh dich waschen, sonst kommst du noch zu spät...«

»Aber es hat so weh getan... Also, ich... Es hat wirklich furchtbar weh getan, und ich muß nicht in die Schule gehn. Ich bin krank...«

»Geh dich waschen... geh dich waschen...«

Und sie zog mich ins Bad.

Das Bad hatte eine eiskalte Glaswand, diese Kälte

war eine Qual, Jahre hindurch. Nie habe ich sie vergessen.

Ich mußte mich waschen. Mamma hörte von der Sache und rief mich. Sie lag noch im Bett, wartete darauf, daß sie an die Reihe kam, sobald wir schulfertig waren.

»Linuccia, was ist?... Hast du wirklich Bauchweh oder nicht... Sag Mamma die Wahrheit...«

Allmählich begann ich nervös zu werden, auch weil ich wütend darüber war, daß es mir wieder gut ging.

»Ph! Es hat wirklich furchtbar weh getan. Mamma. Aber das macht nichts. Wenn ihr mir nicht glauben wollt, dann schickt mich eben in die Schule... Wenn ich dann sterbe, werdet ihr schon sehen.«

Großmutter kam, um mich aus dem mütterlichen Bett zu ziehen.

»Da hör sich einer dieses Kind an... Was erzählt dieses Engelchen da... Bei Gott, du bist ein solcher kleiner Teufel, und jetzt willst du die Unverstandene spielen? Los, auf!...«

Das Glück wollte es, daß sich mir erneut und ganz unzweideutig ein stechender Schmerz in den Magen bohrte. »Au... au...«

Und außerdem Schweißausbruch, Schwindel. Ein wahrer Triumph.

»Seht ihr!... Ihr wolltet mir nicht glauben...«

Und dann Erbrechen mit jämmerlichen Geräuschen: Mutters und Großmutters liebevolle Herzen sollten vor Reue vergehen.

»Mir ist schlecht...«

Um das Glück vollkommen zu machen, hatte ich obendrein auch noch vierzig Grad Fieber. Ich fühlte mich tatsächlich furchtbar schlecht, aber für mich war das wichtigste dabei, daß sie jetzt dumm dastanden.

»Ihr habt mir nicht geglaubt... Ich will jetzt in die Schule gehen... Dann sterbe ich, das wolltet ihr ja bloß...«

Mamma und Großmama waren verzweifelt, und selbst Papa ging nicht zum Gericht, sondern holte auf dem schnellsten Weg den Arzt.

Enrico, fertig für den Schulweg, verabschiedete sich mit der Tasche unter dem Arm und mit überaus neidvollem Blick, und ich lag triumphierend da, todkrank, mit einem Mordsfieber, zufrieden und umhätschelt. Irgend jemand, ich erinnere mich nicht, wer, sagte: »Man sollte ihr ein Abführmittel geben.«

Glücklicherweise entschied Mamma dagegen.

»Warten wir lieber auf den Arzt... Man weiß nie...«

Er brauchte mir nur die Hände auf den Bauch zu legen. Es war der Hausarzt, schon sehr alt, einer jener Praktiker des vergangenen Jahrhunderts, Freund der Familie, der Dreiviertel aller Krankheiten mit Rizinusöl zu kurieren pflegte. Auf der Stelle rannte er zum Telefon. Den alten Mann so rennen zu sehen, ließ, wenn auch nur für einen kurzen Augenblick, den Schatten echter Angst in mir hochsteigen.

Ich spitzte die Ohren. Er flüsterte Worte, die ich nicht verstehen konnte, Worte, die auf »ion« oder »tis« ausgingen. Dann kehrte er ins Zimmer zurück und sprach mit der Familie. Und ich bekam es nun wirklich mit der Angst zu tun. Doch trotz aller Angst war da auch die Befriedigung, im Mittelpunkt der allgemeinen Aufmerksamkeit zu stehen. So sichtbare

Liebesbeweise zu bekommen. Alle waren blaß, zitterten, waren schrecklich aufgeregt. Es war eine überaus ernste Angelegenheit.

»Mamma... aber was ist passiert... was hab' ich?«
Mamma war leichenblaß.

»Nichts, mein Schatz... Wir fahren jetzt ins Krankenhaus...«

Im gleichen Augenblick, als die Sache eine derart dramatische Wendung zu nehmen begann, klingelte es an der Tür und... Und Wunder aller Wunder! Es kamen die Sanitäter, in richtiger Sanitäteruniform, ganz wie im Kino, und mit einer Bahre wie im Krieg. Kurzum, eine rundum befriedigende Sache. Das ganze Haus war in Aufruhr, alle Bewohner waren im Treppenhaus, mit neugierigen und erschrockenen Gesichtern, auf denen ich zusammen mit dem Mitleid die echte, egoistische Befriedigung las, daß ihnen selbst das nicht passiert war. Die ganze Familie in Verzweiflung. Mamma und Großmamma mußten sich zwingen, die Tränen zurückzuhalten. Und ich im Triumphzug die Treppen hinab, wie Kleopatra auf der Bahre. Offenbar ging es mir so schlecht auch wieder nicht, wenn ich dermaßen alberne Erinnerungen daran habe.

Der Clou vom Ganzen war der Auszug auf die Straße... Wir wohnten damals in der Via Vittoria Colonna. Es war frühmorgens... Anwälte, Damen, Nachbarn, Passanten, wegen des Krankenwagens hatte sich eine richtige Menschenmenge vor der Haustür angesammelt – und ich im Zentrum aller Blicke. Dann die rasende Fahrt mit Sirene, eine wahre Wonne, denn dank der heiligen Pupa, Beschützerin der Arglosen, begriff ich nicht den Ernst der Lage. Ich war vor allem hochbefriedigt, daß ich meiner Großmutter eins ausgewischt hatte und daß ich nicht zu Schule mußte. Zwei Sachen, die mich mit Hochgefühl erfüllten.

Mit heulenden Sirenen rasten wir ohne anzuhalten in wenigen Minuten zum Krankenhaus Santa Maria Maggiore... Endlich dort angelangt, hörte ich zum ersten Mal die entscheidenden Worte.

»Dringender Eingriff... Professor Paolucci... Blinddarmdurchbruch mit Gefahr der Peritonitis...«

Ja, nun war die vergnügliche Phase endgültig vorbei! Ich sah, wie mein Vater, der vor dem Fenster stand, auf eine seltsame Weise die Schultern bewegte.

Hat er Husten?... dachte ich... dabei weinte er, der Ärmste.

Alles ging jetzt sehr schnell, und bevor ich mich versehen hatte, wachte ich wieder auf. Mit grauenvollen Schmerzen. Die Schule und Mamma und Großmamma und andere Banalitäten waren mir jetzt völlig egal, mit brutaler Gewalt hatte die Wirklichkeit sich an die erste Stelle gesetzt. Mir war hundeelend.

»Liebling.«

Mammas Gesicht war besorgt, über die Maßen liebevoll, und in ihren Augen standen Tränen.

»Du warst sehr krank, weißt du... Aber jetzt ist es vorbei...«

Vielleicht war ich vorher sehr krank gewesen, aber ich hatte es nicht gespürt. Jetzt versicherten sie mir, es gehe mir gut, und ich fühlte mich furchtbar krank. Ich wollte nur, daß der Schmerz vorbeiginge. Körperliche Schmerzen sind entsetzlich. Ich möchte sie nicht mit den seelischen vergleichen, die ebenfalls furchtbar weh tun können, aber körperlicher Schmerz ist wirklich grauenvoll.

Nur Enrico kam an mit himmelblauen Augen, auf deren Grund ich den verzehrenden Wunsch las, an meiner Stelle zu sein. Natürlich! Keine Frage! Ich war umgeben von den wunderbarsten Dingen, Schokolade, Süßigkeiten, Ferien, Spielzeug, Zärtlichkeit und Fürsorge. Umgeben von Mickymaus- und Gordon-Heftchen, die ich endlich alle für mich allein hatte, und von den kleinen Freunden, die mich besuchten. Aussicht auf mindestens zwei Monate Ferien, und im Austausch dafür nur ein kleiner Schnitt im Bauch. Natürlich war weder Enrico noch mir bewußt, daß Professor Paolucci in einem wahnsinnigen Wettlauf mit der Zeit das Wunder vollbracht hatte, mich dem Tod zu entreißen.

»Sie haben nicht mir zu danken«, sagte der Professor, »sondern Doktor Piattellis Schnelligkeit, dem Glück, einen freien Krankenwagen gefunden zu haben und der Stadtverwaltung von Rom, die für gute Verkehrsregelung sorgt. Es war tatsächlich eine Angelegenheit von Minuten.«

Verstanden? Eine Ampel, und ich wäre weggewesen... Abgetreten mit neun Jahren, bevor ich überhaupt angefangen hatte... Man stelle sich nur vor, was bei dem heutigen Verkehr geschehen wäre. Aber all das sah Enrico nicht. Für ihn hatte die Angelegenheit absolut beneidenswerte Seiten. Er betrachtete mich mit begehrlichem Blick, und kaum hatte er Gelegenheit, sich mir zu nähern, flüsterte er:

»Du Glückliche!«

Das Böse stirbt niemals aus

...Sagt ein beunruhigendes Sprichwort, aus dem uralte Ängste klingen.

Das Böse stirbt niemals aus: Ende der dreißiger Jahre – wie hätte man nicht der Meinung sein sollen, daß Mussolini so schlimm sein mochte, wie er wollte, Hitler aber viel schlimmer war? Der Führer wurde zum Vergleichsmaßstab des Negativen und wertete Benito menschlich auf. Wir Italiener überdeckten Elend und Lumpen mit List und kleinbürgerlicher Geschicklichkeit, aber wir legten uns damit wie Arlecchino unweigerlich selbst herein. Um keine schlechte Figur zu machen, übertünchten wir die Realität, versuchten sie den imposanten Worten des Duce ein wenig ähnlicher zu machen...

»Geht und stellt diese hundert Flugzeuge so hin, daß sie aussehen, als wären es tausend... Geht und überdeckt die baufälligen Gebäude der Vorstadt mit Kulissenmauern. Macht den Soldaten Pappschuhe, damit... sie irgend etwas an den Füßen haben.«

Ich befand mich in Francavilla und plätscherte im warmen Sommerwasser, genau in der zweiten Untiefe, als jemand am Strand brüllte: »DER KRIEG IST AUSGEBROCHEN!«

Wie ist der Schützengraben?
Voller Schlamm und Wasser.
Wo tragen die Helden den Verband?
An der Stirn.
Wer küßt in den Feldlagern die Helden, die im Sterben liegen?
Die Rotkreuzschwestern!
Und was macht indessen der Rivale, der bessere Arzt?
Er operiert unter verzweifelten Umständen im Zelt nebenan...
Und was für eine Operation macht er?
Er muß ein Bein amputieren!
Das Chloroform ist ausgegangen? Welches Betäubungsmittel er nehmen soll?
Kognak.
Kurzum, der Film, den wir alle kennen... Wir wissen, daß sich auch Charlot in diesem Schützengraben befindet, zusammen mit der dicken Berta, dem Kruppkanönchen, das sich um sich selber dreht und dann dem bösen Offizier in den Hintern bohrt, und der Bombe, deren Abzug man mit den Zähnen löst und die wenige Sekunden, bevor sie explodiert, dem Pechvogel Charlot vor die Füße fliegt, während, ein wenig weiter drüben, Marlene, rittlings auf einem Stuhl sitzend, Zigarette im Mund, mit zweideutigem Transvestitenlächeln singt – und wen ansingt? Gary Cooper natürlich! Für viele sah der Krieg so aus. Das heißt, man hörte davon reden. Zeitungen, Bücher, Filme – aber man hatte im Grunde heroisch-romantische Vorstellungen.

Der Krieg '14–18 bezeichnete das Ende des neunzehnten Jahrhunderts, während der Zweite Weltkrieg, dank der hervorragenden Zusammenarbeit der Firma Adolf-Benito das Ende sehr vieler anderer Dinge war und der Beginn des technologischen Atomzeitalters, mit dem verglichen Hitler und Stalin mit ihren Millionen Toten in der Rangliste der Ungeheuer und der Ungeheuerlichkeiten auf bescheidene Plätze zurückrücken. Nein, das Böse stirbt niemals aus! Wir menschlichen Wesen, übergeschnappte Zellen im Run auf wer weiß welche Ziele, mit unseren wundervoll progressiven Ideen, kontinuierlich und in ständiger Steigerung Asche und atomare Metastasen oder sonstwas produzieren. Wir, die auserwählten Geschöpfe, haben uns tausenderlei Methoden ausgedacht, wie wir diesen Planeten zugrunde richten können. Der Natur war es in langer und gründlicher Arbeit gelungen, das Erdöl in sich aufzunehmen, es langsam und geduldig über Jahrmillionen in die tiefsten Tiefen ihres Inneren zu verbannen. Und wir Menschen der aufgeklärten kapitalistischen Industriegesellschaft machen es zu unserem Antrieb, organisieren unser ganzes Leben rund um dieses wieder ans Licht geförderte Exkrement, vergiften uns selbst, um eine mit allen Bequemlichkeiten ausgestattete, unlebbare Gesellschaft in Gang zu halten, samt täglichen Schreckensinjektionen per Radio, Fernsehen und Zeitungen. Nach dem Ersten Weltkrieg machte Grosz mit intelligentem Stift deutlich, wie in den Köpfen der Menschen neue Dämonen keimten. Nach dem Ende des Zweiten Weltkriegs dann wurden die Fotos von den Konzentrationslagern veröffentlicht, und die objektive Realität dieser Bilder bestätigte die unbestreitbare, beklemmende Präsenz des Schreckens. Und mit Hiroshima geschah das grundlegende Ereignis, das unser Jahrhundert zeichnete.

Ich verbrachte die Ferien in Francavilla, und sie waren wunderbar und schön wie alle früheren: Viale Nettuno, das Café... »Oh, Baronin... Donna Maria... Erlauben Sie? Der Graf...« Das kleine Eis, das kleine Pokerspiel, das Wassertreträdchen, das Gläschen – eine Ansammlung liebevoller Diminutive, alles war niedlich, vielleicht albern, jedenfalls liebevoll.

Dann, mit dem Krieg, dem Hunger, der Angst, änderte sich alles. Der Wind des Todes und des Entsetzens trug nicht nur zahllose Menschenleben, sondern viele bezaubernde Dinge davon: die Schleierhütchen, den wohligen Schauder beim Anblick der Trikolore, den guten Salon und das ganze Drumherum, das aus Mamma Baronin Donna Maria machte.

Die Baronin verliert ihr Lamm

Mit den Lebensmittelkarten konnte man nichts Eßbares auf den Tisch bringen. So band sich meine Mutter, weg mit dem Hut, das Tuch um den Kopf und ging in den Vicolo Del Cinque, um auf dem Schwarzmarkt einzukaufen. Eines Tages befand sie sich auf dem Heimweg mit einem großen Stück Lamm, das recht und schlecht in wenig Brot- und viel Zeitungspapier eingewickelt war.

Es regnete, und mit dem schweren Paket unter dem Arm mußte sie eine ganze Weile an der Haltestelle auf den Autobus warten.

Gedrängt voll kam er Gott sei Dank endlich, und sie konnte einsteigen.

Sie stand da in ihren feuchten Gewändern, ihrem den Umständen angepaßten Arbeiter-Proletarier-Kostüm, in Gedanken versunken und mit dem kostbaren Paket unter dem Arm, als sich neben ihr eine Stimme erhob:

»Verehrteste Donna Maria...«

Ein überaus gediegener Herr, zwar ein wenig schäbig gekleidet, aber sehr aufrecht in seinem festen Glauben an die Form, verbeugte sich, um ihr die Hand zu küssen – mit einer Höflichkeit, die »Circolo della Sirena« in Francavilla würdig gewesen wäre.

»Erlauben Sie, Donna Maria ... daß ich Ihnen Groß-offizier de Mauriziis vorstelle.«

Und zu dem Großoffizier gewandt: »Gaetano – Baronin Wertmüller von Elgg ...«

Der würdevolle Herr war einer von jenen, die mit durchdringender, nasaler Stimme sprechen und obendrein das unverzeihliche weiche »rr« gebrauchen, das in Italien als vornehm gilt. Ein lieber alter Freund. Gott verzeih, tatsächlich adelig, tatsächlich glücklich über die Begegnung, alles verständlich, nur realisierte er in diesem Augenblick nicht den Autobus, den Krieg, den Hunger, die schlechte Laune der Leute, das Elend, die Furcht, den Regen und die in Zeitungspapier eingewickelte Schwarzmarktware ...

Die Menge ringsum beobachtete überrascht diese unglaubliche Salonszene. Der Großoffizier verbeugte sich zum Handkuß, und obzwar behindert durch Handtasche, Schirm und das kostbare Paket unter dem Arm, streckte Mamma ihm graziös die Hand entgegen. Der Regen hatte das Papier des Pakets durchnäßt, und während zwischen dem überaus liebenswürdigen Herrn, dem Großoffizier und Mamma jene aristokratische Begrüßung stattfand, kam aus dem inzwischen aufgelösten Papier vor aller Augen ein jämmerliches blutiges Schwänzchen zum Vorschein. Darob explodierte der spöttische römische Witz der Fahrgäste.

»O Baron ... passen Sie nur auf, die Baronin verliert ihr Fleisch!« warnte ein Dicker mit vulgärer, anzüglicher Stimme. Der ganze Autobus brach in Gelächter aus, einschließlich Mammas, die ebenfalls eine geistreiche Römerin war.

»Nun, Cavaliere, der Herr hat recht: Dies ist keine Zeit für Barone, nennen Sie mich Maria.«

Ich hätte so gern einen exhibitionistischen Onkel gehabt

Jugend – damit sind wir an einer wesentlichen Schwelle angelangt. Und hier wollen wir einhalten. Warum jetzt noch von Theater und Kino, Liebe und Kampf erzählen? Heben wir uns das auf für ein anderes Mal. Auch weil ich selbst alles von mir weiß. Ich bin ein Film, den ich bereits gesehen habe und auf den ich nicht neugierig bin. Während der schöne Streifzug bis hierher ‚voller Elgg, Engel und Erzengel, in seiner ganzen Wirrnis voller Zärtlichkeit war. Gewiß, ich weiß, ernsthaftere Leute haben unter dem wohlgefälligen Auge des Wiener Magiers ganze literarische Imperien um Vater und Mutter aufgebaut. Ich habe wenig Zeit und viel zuviel zu tun. Ich habe weniger einen langsamen Spaziergang unternommen als eine schnelle, vielleicht ein wenig zerstreute Fahrt auf dem Fahrrad. Mariuccia, mit ihrem bezaubernden Lächeln, sympathisch und strahlend, kleine Herrin einer großen Villa in Fréjus, konnte gerade noch das Manuskript dieser Aufzeichnungen lesen und fand es auf ihre zerstreute Weise überaus gut. Mit ihrer so warmen, übertriebenen Liebe für mich sagte sie:

»Alles, was du machst, Linuccia, ist immer wunderschön... aber bezahlen sie dich auch dafür?«

Geld – eine wunderbare Sache! Stets Symbol für Sicherheit und Macht. Nonna Angelina war in dieser Hinsicht zufrieden mit mir. Mit gleichgültigem Blick trat ich ein, warf ihr ein Bündel Scheine in den Schoß, tat, als wäre nichts weiter, und sagte: »Großmutter, bewahrst du sie für mich auf?«

Und während ich lachend davonrannte, sagte sie: »Aber du bist ja verrückt... komm, Großmutters Schätzchen, komm her...«

Marias und Federicos Geschichte wäre es wahrhaft wert, einen echten Roman darüber zu schreiben: über die Ehe, die Situation der Frau in diesem Jahrhundert, einen Roman über verschwendete Möglichkeiten, unglückliche Lieben, Laster. Ja, Mariuccia hatte ein Laster, ein ganz kleines: den Poker.

Federico hatte ihr das Spiel in den ersten Jahren der Ehe beigebracht, als er sich, mit pomadisiertem Haar und Zigarette im Mundwinkel, in Clubs und Varietés ein wenig dem Nachtleben hingab. Wie viele Frauen, die sich im psychischen Gefängnis einer unglücklichen Ehe befinden, konnte Mariuccia sich mit den Pokerspielchen ablenken.

Gott segne das Pokerspiel.

Das Spiel ist eine wichtige Sache: Parallelgleis zu den Schlachten des Lebens, vollzieht man sie, rund um ein Tischchen sitzend, in Form einer Partie nach. Im Ritual des Kartenspiels, mathematischen Symbolen, werden zwischen Buben, Königinnen und Königen, Herz und Pik, auf metaphorische Weise alle Spiele des Lebens lebendig, wiederholen sie sich.

Spesso a cuori e picche
ansiose bocche
chiedono la verità.

(Oft, zwischen Herz und Pik
die begierige Frage
nach der Wahrheit.)

Seit jeher liegt die Bedeutung der Karten, Würfel und ähnlichem in eben dieser Ersatzbefriedigung.

Nun, bevor ich mich hier in einer Abhandlung über das Spiel verliere, kehre ich lieber zurück zu meiner schönen Mammarella, die sich zum Glück ein wenig Pokerspiel geleistet hat. Zum Vergnügen kam natürlich schnell das Problem der Spielschulden. Papa durfte nichts davon wissen, weil er sich inzwischen zu einer Nervensäge entwickelt hatte, und andererseits war er auch zu verstehen. Jedenfalls barg der Poker Schwierigkeiten in sich, von denen ich glücklicherweise einige lösen konnte. Doch führten Jahre und Jahre der Zermürbung zum spektakulärsten aller Geschehnisse.

Eines Tages, im ehrwürdigen Alter von über siebzig, nahm Mariuccia ihr Handtäschchen und sagte zu meinem Vater:

»Jetzt bist du mir wirklich zur Genüge auf die Nerven gegangen. Mir reicht's! Ich will dich nicht mehr sehen, solange ich lebe.«

Und so geschah es. Scheidung, in diesem Alter. Der fast achtzigjährige Federico begriff nicht. Noch jähzorniger und bedrohlicher als üblich, Kettenraucher, berühmt dafür, daß er die schwierigsten Prozesse durchgestanden hatte, wie etwa den gegen den Vatikan, daß er mutterseelenallein junge Rugbyspieler, groß wie Kleiderschränke, wie ein Wahnsinniger verprügelt hatte – er wetterte und donnerte jetzt gegen diesen Irrwitz, gegen diese völlig unvorhergesehene Entscheidung, die ihn total aus dem Konzept brachte. Es war noch nicht die Zeit des Feminismus, und damit hatte er wahrhaftig nicht gerechnet.

»Sie ist verrückt geworden!« schrie er. »Total verrückt... Sie will unseren guten Namen vor den Gerichten in den Schmutz ziehen... Wo mich jeder kennt, nach einer ehrenvollen Karriere... Aber ich werde sie im Irrenhaus einsperren lassen.«

Er war herzzerreißend. Dann sah er mich an mit seinen runden, grünen Von-Elgg-Augen.

»Und außerdem, warum? Warum?... Es war eine Liebesheirat!«

»Komm, Papa... Du hast sie wirklich sehr genervt... glaub mir, ich bin ein unparteiischer Augenzeuge«, gab ich zurück... Erfolglos. Er war wie ein König, überzeugt, von seinem Volk geliebt zu werden, während es nun auf dem Platz in Aufstand ging und seinen Kopf forderte.

Ich verspürte Rührung für ihn. Und auch Mamma, die über Jahre und Jahre das wahre Opfer gewesen war, tat mir unsagbar leid.

Ich bin mir auch heute noch nicht sicher, ob Männer wirklich begreifen können, welch ein Gefängnis die Ehe für eine Frau sein kann. Sie beginnt fast immer mit der Liebe. Und erst mit dem Ehemann, dann mit den kleinen, süßen, geliebten, unerträglichen Kindern wird die Ehe unweigerlich zur Liebesfalle. Wunderschön auf der einen Seite, aber schrecklich für den, der zum Beispiel wie Mariuccia, meine Mammarella, und ich ein vitales, heiteres Temperament hat, gern mit Menschen zusammen ist, die Sonnenseite des Lebens sucht.

»Ich wäre gern Zeitungsverkäuferin auf der Piazza Colonna«, sagte meine Mutter immer. »Leute, die kommen und gehen, Leben, Abwechslung.«

Das war ihre Natur, die sie, wie auch ich, vom Cavaliere Arcangelo geerbt hatte.

Ein solches Geschöpf in vier – realen oder psychologischen – Wänden einzusperren, ist ein Verbrechen. Ja, ich möchte es hier mit dem abgegriffensten aller dichterischen Vergleiche ausdrücken: Das ist, als ob man einen Schmetterling im Flug fängt und dann unter Glas aufspießt.

Nur ich, lebhaft wie sie, immer auf dem atemlosen Galopp durchs Leben, mit drei Stunden Schlaf pro Nacht, Arbeit, in schönen und glücklichen Gewässern schippernd, mit einer übergroßen Vitalität, die wie ich glaube, auch von der Physis abhängt – ich denke, niedriger Blutdruck und Überfunktion der Schilddrüse –, nur ich, die ich ihr sehr ähnlich bin, weiß, wie sehr sie gelitten haben muß.

Federico seinerseits, das sei hier klargestellt, trägt keine Schuld daran: süditalienischer Macho. Eine Frage der Charaktere, der Kultur.

Angiolina, die Großmutter aus dem neunzehnten Jahrhundert und aus Ariano Irpino, war mit dem Alter geduldig und kritisch geworden.

»Sei still ... Sei still ...« sagte sie leise und legte den

Finger auf den Mund, um die häuslichen Streitereien zu schlichten. Ihre Mentalität, Schwiegermuttertaktik und die hochheilige Achtung vor dem Begriff Familie veranlaßten sie, die Tochter zum Dulden zu zwingen.

Federico hielt es für seine Pflicht als Familienoberhaupt, die Zügel straff zu halten. Er akzeptierte die eigenen Privilegien als natürliche Konsequenz seiner unbestrittenen Autorität als Hausvorstand. Schöner Vorwand für Egoismus und Ungerechtigkeit! Das heißt, er hatte das alles in sich ausgelöscht und fühlte sich im Augenblick der Aufrechnung als Opfer, obgleich er es wahrhaftig nicht war.

Während der Verhandlung, die am Ende unvermeidlich vor Gericht stattfinden mußte, wandte ihm Mariuccia nicht einmal das Gesicht zu. Sie nahm die Brille ab und flüsterte mir zu:

»Ich will ihn nicht mehr sehen!«

Sie rührten mich über die Maßen, so alt, so zerbrechlich, so temperamentvoll und inzwischen charakterlich sehr ausgeprägt.

Ich habe sie immer gemocht, die Alten – ihren unerträglichen Starrsinn, ihre Ungeduld, ihre Schwäche. Und diese beiden lieben Verrückten, mein Vater und meine Mutter, die inzwischen meine Kinder geworden waren, sie erfüllten mich mit unerträglicher Zärtlichkeit.

Knapp achtzig, versank Federico total in Verkalkung. Ergreifender Stumpfsinn. In den letzten Zeiten lief er uns die Treppe hinab hinterher, wenn wir einen seiner Anzüge in die Reinigung brachten. Schrie uns nach, er würde uns wegen Diebstahl bei der Polizei anzeigen. Ich erinnere mich an seine noch immer kräftige Stimme im Treppenhaus, die mit alter Rednergewalt allen miteinander Gefängnis androhte.

Mariuccia wurde die kleine Herrin des großen Hauses in Fréjus. Zusammen mit ihrem Sohn und Letizia, der Frau von Enrico, die ihr auf der Stelle eine geliebte Tochter wurde, und mit Massimino, ihrem Enkel, der sofort den wesentlichsten Platz in ihrem riesigen Mammaherzen einnahm, öffnete sie hier endlich in den letzten Jahren ihres Lebens das Haus den Freunden und fröhlichen Spielpartien, kochte köstliche, unvergeßliche Essen und pokerte bis spät in die Nacht erbittert um wenig Geld.

Ein neuer Sohn wurde Willy für sie, ein junger Freund, der beim Film arbeitet und auf diese Weise in die Familie kam.

Mamma faßte große Zuneigung zu ihm. Willy wurde ihr Vertrauter, der innigste Freund. Mit ihm verplauderte sie ganze Nächte. Und zwischendurch lebte Willy auch bei ihr. Er stammte aus den Abruzzen, war ein Freibeuter, liebte Frauen und Saufgelage. Wenn er nachts nach Hause kam, erzählte er ihr, so wie er es früher im Café in Francavilla al Mare getan hätte, seine Abenteuer, und die beiden schütteten sich aus vor Lachen.

Die größte Leere hatte zweifellos Corrado hinterlassen. Auch für mich ein furchtbares Loch. Ein Zug der Liebe, der ins Dunkel eingetaucht war. Mariuccia hat sich niemals davon erholt. Er war es, der mit seinen letzten Kräften die Villa in Fréjus erbaute, Ort der Liebe, der Ferien, Treffpunkt.

Doch will ich nicht ausgerechnet am Ende dieser wenigen Seiten, die ich wie im Flug zwischen dem einen und dem anderen Film zusammengestoppelt habe, in Melancholie verfallen! Sie sollen vielmehr eine lächelnde Zusage an das Leben sein. Deshalb möchte ich mit einem Augenzwinkern nach diesem ganzen zärtlichen Reigen geliebter Gesichter, allzu ehrsamer Leute, wenigstens einen Vorfahren erfinden. Einen von denen, die sich in einem Familienalbum, das etwas auf sich hält, zwischen einem bäuerlichen Ururgroßvater und einem Piratengroßvater prächtig ausnehmen würden. Ja, laßt mich ein wenig träumen... Ich hätte gern einen exhibitionistischen Onkel gehabt! Weiß der Himmel, welchen Eindruck ich auf der Psychoanalytikercouch mit einem solchen Onkel schinden würde, und dann könnte ich euch die außergewöhnlichen und bewegenden Abenteuer eines mittelgroßen, mageren Mannes im grauen Regenmantel erzählen, wie er im kühlen Halbschatten eines Haustors eine Jungfer mit dem unglaublichen Anblick seines plötzlich geöffneten Mantels erschreckt – er, so nackt und albern, mit kurzem Hemd und heruntergelassenen Hosen.

*Bitte beachten Sie
folgende Seiten*

LINA WERTMÜLLER

IRIS UND DER SCHEICH

Roman

247 Seiten, Leinen

Achmed, der unwiderstehliche Scheich, Verkörperung des mediterranen Machos, und Iris, die reiche Erbin aus New York, sind die schillernden Protagonisten dieses ungewöhnlichen Romans voller Abenteuer und Leidenschaft – aus der Feder der italienischen Regisseurin Lina Wertmüller (»Camorra«). Mit Witz und Ironie wird hier die Zeit von Rudolph Valentino und der rosa Damenromane heraufbeschworen.

LIMES

LINA WERTMÜLLER

ALVISES KOPF

Roman

315 Seiten, gebunden

Groß, strahlend, schön, kultiviert – das ist Alvise, Sproß einer noblen venezianischen Bankiersfamilie.
Klein, dunkel, häßlich – das ist Sammy, Sohn eines bescheidenen New Yorker Diamantenhändlers.
Ein Leben lang steht Sammy im Schatten von Alvise. Versuche, sich dieser schicksalhaften Haßliebe zu entziehen, mißlingen auf groteske Weise.
Der Roman hat vieles gemeinsam mit Lina Wertmüllers Filmen: Er ist emotional und sinnlich, phantastisch und bittersüß, humorvoll und sarkastisch.

LIMES

ERNESTO SÁBATO

DIE UNBESIEGTEN FURIEN

152 Seiten, Leinen

Erstmals in deutscher Sprache: eine Auswahl provozierender Essays des großen argentinischen Schriftstellers und unbestechlichen Mahners Ernesto Sábato. Die Texte, die er für die deutsche Ausgabe selbst zusammengestellt hat, sind nur eine kleine Probe seiner Universalität. Sábastos erstaunlich frühzeitliche Hellsichtigkeit in den Kommentaren zur Befindlichkeit des modernen Menschen erklärt sich auch aus seiner Herkunft – »vom Rande der Welt«: »Wir (Argentinier) stehen am Rande einer Zivilisation und zugleich an einer ihrer Grenzen...«

LIMES

ANDREJ TARKOWSKIJ

ANDREJ RUBLJOW

Die Novelle

279 Seiten, 29 Abbildungen, Leinen

Der russische Meisterregisseur Andrej Tarkowskij schildert in der Novelle zu seinem legendären gleichnamigen Film die Odyssee des berühmten Ikonenmalers Andrej Rubljow. Ein grandioses Fresko aus dem tatarengeplagten Rußland des 15. Jahrhunderts, das die ganze Dumpfheit und Gewalt, zugleich aber auch die tiefe Spiritualität jener Zeit widerspiegelt. Machtvoll, leidenschaftlich und empfindsam beschwört Tarkowskij eine ganze Epoche, reflektiert über die Rolle des Künstlers in der Gesellschaft.

LIMES

OTTO HEINRICH KÜHNER

MEIN EULENSPIEGEL

Neue Historien

221 Seiten, Leinen

Beim Joggen im Stadtwald trifft Otto Heinrich Kühner einen modrig riechenden, ziemlich ungehobelten Gesellen. Der erklärt, er sei Till Eulenspiegel und mitnichten tot. Der Wiedergänger berichtet dem Autor ohne Scheu und Scham, was er in den letzten Jahrhunderten so alles getrieben hat. Grund genug für Otto Heinrich Kühner, diese freimütigen und unglaublichen Bekenntnisse niederzuschreiben.
Hier hält ein böser Narr den Menschen einen Spiegel vor, in den sie endlich mal schauen sollten...

LIMES

HANS RUDOLF WERDMÜLLER
1639 - 1668

HANS HEINRICH WERDMÜLLER
1648 - 1714

HEINRICH WERDMÜLLER-Heß
1650 - 1735

HANS CASPAR WERDMÜLLER
1663 - 1744

BERNHARD WERDMÜLLER-ESCHER
1667-1745

HANS HEINRICH WERDMÜLLER
1689 - 1769

JOHANNES WERDMÜLLER-FÜSSLI
1708 - 1783

HANS CASPAR WERDMÜLLER (1711 - 1773) e sua moglie ANNA OERI

JOHAN GUSTAF WERDMÜLLER
1787 - 1866

GEORG ANDREAS WERDMÜLLER-RICHERT
1787 - 1867

OTTO ANTON WERDMÜLLER-EßLINGER
1790 - 1862